**COACHING COMMUNICATION**

*Aprenda a*
# FALAR EM PÚBLICO
*e assuma o*
# PALESTRANTE
*que há em*
# VOCÊ

*2a edição - Revista e ampliada. Guia prático.*

Dra. Cristiane Romano

**COACHING COMMUNICATION®**

*Aprenda a*
# FALAR EM PÚBLICO
*e assuma o*
# PALESTRANTE
*que há em*
# VOCÊ

2a edição – Revista e ampliada.  Guia prático.

**figurati**

São Paulo, 2024

*Coaching Communication®: aprenda a falar em público e assuma o palestrante que há em você*
Copyright © 2024 by Cristiane da Conceição Romano
Copyright © 2024 by Novo Século Editora Ltda.

**COORDENAÇÃO EDITORIAL:** Nair Ferraz
**PREPARAÇÃO:** Alessandra M. de Sá
**REVISÃO:** Cínthia Zagatto e Raíssa Gatto Trevisan
**CAPA:** Jacob Paes
**PROJETO GRÁFICO:** Nair Ferraz

Texto de acordo com as normas do Novo Acordo Ortográfico da Língua Portuguesa (1990), em vigor desde 1º de janeiro de 2009.

**Dados Internacionais de Catalogação na Publicação (CIP)**
**Angélica Ilacqua CRB-8/7057**

Romano, Cristiane
Coaching Communication®: aprenda a falar em público e assuma o palestrante que há em você / Cristiane Romano.
Barueri, SP: Novo Século Editora, 2018.
(Figurati)

ISBN 978-65-5561-620-0

1. Fala em público 2 Oratória 3. Comunicação I. Título.

18-0819                                                                    CDD-808.51

**Índice para catálogo sistemático:**
1. Fala em público 808.51

**‹ns**
uma marca do
*Grupo Novo Século*

**GRUPO NOVO SÉCULO**
Alameda Araguaia, 2190 – Bloco A – 11º andar – Conjunto 1111
CEP 06455-000 – Alphaville Industrial, Barueri – SP – Brasil
Tel.: (11) 3699-7107 | E-mail: atendimento@gruponovoseculo.com.br
www.gruponovoseculo.com.br

**Dedicatória**

Este livro é dedicado ao meu filho Lucca, meu amor, meu maior motivador, meu "porquê" – ser que me faz acordar todos os dias sorrindo.

Gratidão imensa.

**Agradecimentos**

Agradeço à minha mãe Maria Célia pelo apoio, sempre ao meu lado, cuidando do Lucca nos meus momentos de ausência.

Ao meu pai (*in memoriam*), por me inspirar a nunca deixar que eu perdesse minha essência.

À Dra. Maria Lucia Robazzi, que me ensinou e foi minha mentora na Universidade de São Paulo (USP) durante minha formação acadêmica.

À família, meu alicerce e apoio durante todos os momentos de minha vida.

À Dra. Leny Kyrillos, por prefaciar este livro e por me inspirar nos estudos sobre expressividade. Admiração imensa.

Aos meus amigos, que estiveram presentes em meus momentos de descontração e sempre ao meu lado nos meus projetos.

Aos clientes, mais de 40 mil pessoas que passaram pela minha vida. O resultado desta obra se deve à experiência que adquiri com cada um deles.

À minha equipe, que sempre me representou muito bem.

À USP, por meio da Escola de Enfermagem de Ribeirão Preto, por acreditar em meus projetos acadêmicos.

Aos meus mestres e mentores desta vida de aprendizados.

Gratidão imensa.

# SUMÁRIO

**PREFÁCIO**
Coaching Communication® **11**

**INTRODUÇÃO**
Liberdade na oratória *versus* acontecimentos vividos *versus* como nos expressamos **17**

**CAPÍTULO 1**
Falar em público é libertador **31**

**CAPÍTULO 2**
Por que oratória com liberdade®? **41**

**CAPÍTULO 3**
Oratória para persuadir **47**

**CAPÍTULO 4**
Tudo começa pelo cérebro – supercérebro **67**

**CAPÍTULO 5**
Libertando-se por meio do método Coaching Communication® **75**

**CAPÍTULO 6**
Mapeamentos – iniciando a jornada do *reconhecimento* da sua oratória
TRILHO 1: RECONHECER **81**

**CAPÍTULO 7**
Crença limitante em sua oratória
TRILHO 2: RESSIGNIFICAR **97**

**CAPÍTULO 8**
Atitude e novos comportamentos na oratória
TRILHO 3: RECONSTRUÇÃO **103**

**CAPÍTULO 9**
Apenas continue...
TRILHO 4: REGAR **139**

**CAPÍTULO 10**
Uso do microfone (ele não morde!) **143**

**CAPÍTULO 11**
Chegou a hora de brilhar juntando tudo que você aprendeu **149**

Referências bibliográficas **157**

# Prefácio

# Coaching Communication®

"Sua comunicação é o espelho de quem você é."

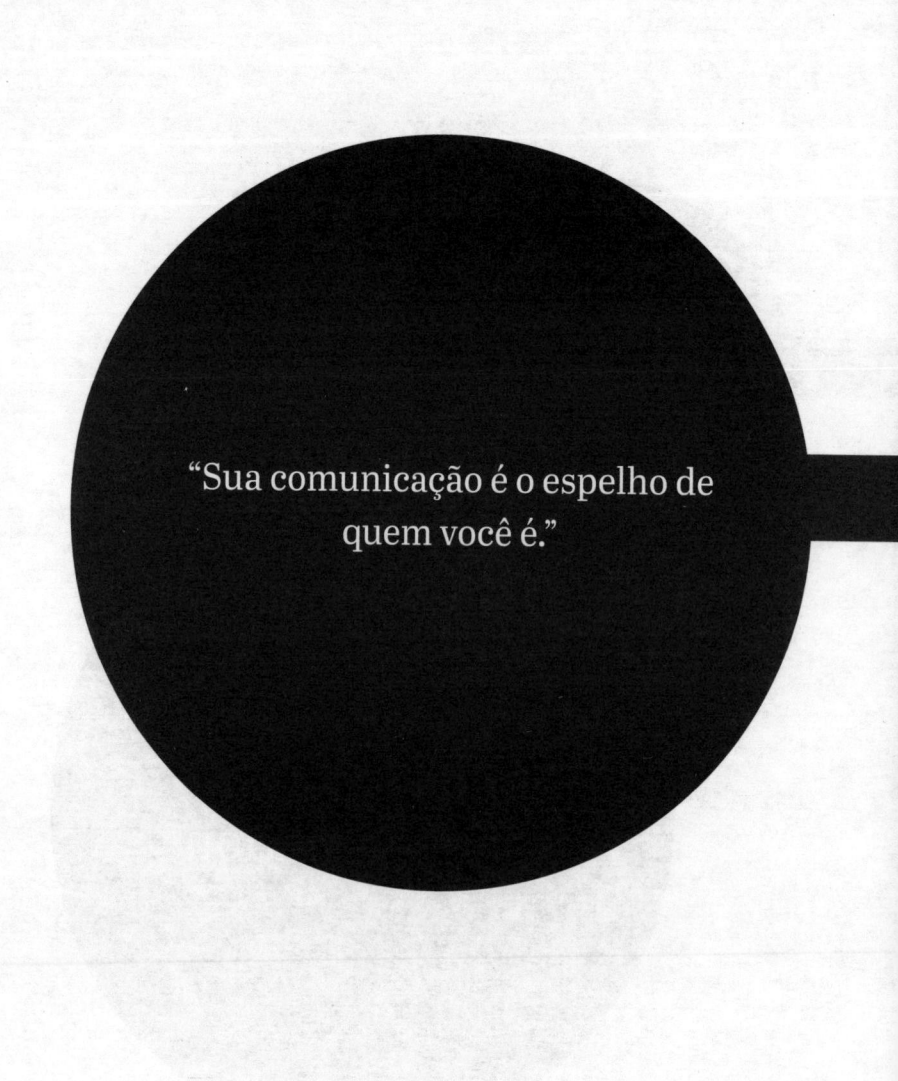

Comunicação é uma competência cada vez mais valorizada em nosso meio social. Por meio dela, nós construímos percepção, tocamos o nosso interlocutor, nos expomos e alcançamos o outro. Produzimos impacto já nos primeiros segundos de conversa; fazemos isso de modo inconsciente... E geramos reação! As reações obtidas determinam o alcance dos nossos objetivos ou não, a realização das nossas metas, as maiores ou menores oportunidades pessoais e profissionais.

Quem se comunica bem é mais feliz! Gera menos mal-entendidos, mobiliza mais as pessoas, obtém melhores resultados. Mas estamos falando de uma condição delicada... Comunicar envolve exposição, ficar em evidência, ser naquele momento o centro das atenções. Claro que quem está nessa condição está sendo avaliado, julgado, e isso é sempre desconfortável. Algumas vezes esse desconforto fica sob controle, é leve; em outras, chega a incomodar, nos deixa tensos... E, em alguns casos, pode nos imobilizar, nos impedir de nos expressarmos claramente, nos levar a evitarmos oportunidades que poderiam ser ricas e desafiadoras!

Neste livro, a Dra. Cristiane Romano nos apresenta um guia didático, prático e completo para desenvolvermos a nossa comunicação em sua plenitude. Para sermos representados de uma maneira assertiva, envolvida, confiante e segura, na nossa melhor versão.

O livro traz conceitos relevantes e precisos sobre o processo de comunicação e suas características. Aponta as condições necessárias para o desenvolvimento da nossa expressividade, os possíveis entraves que nos limitam, e, principalmente, as formas de lidarmos com nossos pensamentos e nossas atitudes, em busca de libertação.

Oratória com liberdade. Que força tem esse conceito, que modo interessante de lidar com um comportamento tão frequente e tão importante de ser considerado!

Nos diferentes capítulos, a Dra. Cristiane nos brinda com descrições, com explicações detalhadas sobre as causas mais frequentes que nos impedem de exercermos a nossa oratória de forma livre. É impossível não nos identificarmos com seus exemplos, com seus casos tão claramente expostos! Passamos a compreender que nossos medos são frutos de modos equivocados de análise dos nossos pensamentos, dos momentos que vivenciamos, das nossas experiências anteriores. Entendemos as crenças limitantes, e principalmente as possibilidades de lidarmos com elas, de nos blindarmos para alcançarmos o que pretendemos.

Os capítulos seguintes constituem um passo a passo claro e envolvente para nos apropriarmos do controle das nossas reações e do nosso resultado nas situações de exposição. A forma didática, simples e objetiva, que caracteriza todo o texto, surpreende pela leveza e pela capacidade de nos engajar num modo novo de encarar as nossas emoções e a nossa atitude comunicativa.

Só não é surpresa a qualidade deste livro. A Dra. Cristiane é uma profissional dedicada em seu desenvolvimento, com grande bagagem de conhecimento. Tem formação sólida, acadêmica e clínica, e as características que diferenciam os profissionais de excelência: é curiosa, interessada, inquieta, envolvida e inovadora. Esse comportamento a fez trilhar um caminho amplo, com dedicação a atividades dentro e fora do país, que a validam como alguém efetivamente preparado para fazer diferença na vida das pessoas que a procuram, e agora desse mais amplo grupo de leitores privilegiados que a conhecerão.

Mergulhe neste universo mágico de causas e efeitos, ações e reações, sentidos, sensações e emoções. Permita-se conhecer e adentrar os conceitos tão claramente apresentados, e assuma as rédeas dos seus resultados, da sua entrega, da sua vida. Sua comunicação é o espelho de quem você é. Leia este livro com atenção, siga as orientações, pratique no seu dia a dia, busque a melhoria constante e arrase por aí, encantando a todos com sua melhor e mais poderosa versão!

E que a boa comunicação seja a ponte para inúmeras e maravilhosas realizações.

PROFª DRA. LENY KYRILLOS,
*fonoaudióloga pela Universidade Federal de São Paulo – Escola Paulista de Medicina, especialista em Voz pelo Conselho Federal de Fonoaudiologia – CFF, mestre e doutora em Ciências dos Distúrbios da Comunicação pela Universidade Federal de São Paulo e Personal & Professional Coach pela Sociedade Brasileira de Coaching*

# Introdução

## Liberdade na oratória *versus* acontecimentos vividos *versus* como nos expressamos

"Todo acontecimento pode gerar uma consequência, nós somos resultados desta vivência, e na oratória e comunicação não é diferente."
(Dra. Cristiane Romano)

A formação da autoimagem está diretamente relacionada às nossas vivências, muitas delas ocorridas há muito tempo, desde o nascimento. Esse conceito ficou muito claro para mim durante os meus anos de atuação. Sempre observei o modo como as pessoas lidam com a exposição, muitas vezes, andando de cabeça baixa, de semblante sério, e falando o mais baixo que podem, demonstrando ser uma pessoa retraída e tímida.

**Qual seria o motivo dessa atitude?**

O motivo é que, quando algo nos incomoda, por meio de um acontecimento negativo e repetitivo, pode ter ou não relação direta com a maneira que lidamos com nossa comunicação e a forma como nos expressamos. Acontecimentos do passado podem refletir negativamente na autoimagem, mesmo não sendo verbalizados. Nesse sentido, limita a pessoa a se comunicar em público ou de forma interpessoal (relação entre duas pessoas ou mais). A baixa autoestima é reforçada pelas crenças limitantes.

## O que são crenças limitantes? Todos têm!

São modelos resistentes e cíclicos que formam seus pensamentos, bem como os seus sentimentos, determinando comportamentos padronizados.

As crenças sempre distorcerão o pensamento: "*Preciso me comunicar bem, eu tenho que ser perfeito*", "*eu devia ter sido apresentado melhor*", entre outros.

Existe a crença – fruto da imaginação –, de que algo irá acontecer de errado, e a pessoa ficará remoendo sua futura ocorrência; com isso, sofre por antecipação: "Será que a plateia irá gostar de minha apresentação?".

Portanto, andar de cabeça baixa, a timidez, a seriedade excessiva e outras atitudes nesse sentido podem ser indícios de expressão de sentimentos internos, muitas vezes relacionados a eventos ocorridos ao longo da vida. Todos nós carregamos situações que nos incomodam, e essas, não sendo verbalizadas, podem trazer bloqueios e crenças limitantes para a vida toda, caso não haja consciência deste acontecimento. Afinal, somos seres sociais que vivem em comunidade e, em decorrência disso, a maneira como nos relacionamos com os demais está diretamente alinhada à construção da expressividade, comunicação e oratória – que por sua vez se refletirão na formação de nossa autoimagem.

## O que acontece quando os acontecimentos se tornam conscientes?

Quando os acontecimentos vividos no passado vêm à tona, ou seja, tornam-se conscientes, esse fato significa que, ao reconhecê-los, enfrentamos os desafios em vez de simplesmente ignorá-los. Quando decide-se sair da zona de conforto, reconhecendo os próprios limites e a autossabotagem, dá-se início ao processo de ressignificação, ou seja, a um novo significado para os acontecimentos do passado.

Essa é a razão de esta obra existir: trazer à tona experiências pessoais e profissionais que poderão efetivamente mudar o curso do "rio"; descobrir e reconhecer os bloqueios e as crenças limitantes ao falar em público, que não o deixam ter liberdade ao se comunicar, e ir além, traçando o próprio plano de ação para trabalhar e se comunicar do jeito que bem entender.

Mais do que palavras de efeito, quero proporcionar realmente mudanças internas e externas efetivas ao maior número possível de pessoas.

Atores renomados suam frio antes de entrar em cena. Palestrantes com larga bagagem admitem que ficam inseguros quando se postam diante de uma plateia para sua apresentação. Apresentadores de TV com vários anos de experiência sentem medo profundo antes de cada programa ao vivo ou mesmo em uma simples gravação. Ou seja: todos nós temos dificuldades, algumas de origem recente, outras vindas do passado. Algumas pequenas, outras imensas.

Durante muitos anos, nos atendimentos em grupo ou individuais, em cursos e workshops, os alunos sempre me confidencializavam que viviam em uma prisão diante das suas dificuldades de exercer a liberdade de comunicação e a oratória, motivo pelo qual constatei e percebi o quanto este termo "oratória com liberdade®" era coerente às situações e não apenas "medo de falar em público", indícios de que mais de 80% dos participantes desses cursos apresentavam algum grau de insegurança, e muitos não tinham essa consciência: "mas eu não tenho medo de falar em público", porém ocorre uma autocobrança antes, durante e após as apresentações.

Pretendo, portanto, proporcionar-lhes "viver" a oratória com liberdade®, por meio de ferramentas que vão minimizar suas dificuldades, sendo elas comportamentais ou técnicas.

*"Quando passei pelo curso da Dra. Cristiane Romano, eu percebi que foi além da oratória; as ferramentas utilizadas são profundas e conseguem tirar as crenças e os bloqueios, além de aliar a técnica com o comportamento." (aluna D. - Brasília, DF.)*

Para conhecer profundamente tudo o que envolve o universo da comunicação, oratória e da expressividade, fiz mestrado e doutorado na Universidade de São Paulo (USP), pós-graduação em Voz pelo Centro de Especialização em Fonoaudiologia Clínica em Belo Horizonte (MG) e formação em Business e Executive Coaching pela Universidade de Ohio (nos Estados Unidos). Pelo Instituto Brasileiro de Coaching (IBC) de São Paulo, formei-me em Professional em Coaching, em Business e Executive Coaching e, no Instituto Comprática, tenho formação em *Practitioner* em Programação Neurolinguística, entre outras formações no Brasil e exterior voltadas para meu aprimoramento profissional. Ao ler o artigo "Viagem à Índia" (Cecília Meireles e Octavio Paz, de autoria de Luís Antônio Cantatori Romano), surgiu esse desejo e essa curiosidade, senti que precisava viver fundamentalmente esta singularidade sinestésica, algo que conseguimos apenas com vivências, narradas neste artigo. E, em consequência, quis viver e trazer essa experiência aos meus alunos, e agora, ao meus leitores. Foram duas viagens incríveis à Índia; a primeira, para pesquisa, formação e aprendizado; e a segunda, como palestrante. Momentos únicos e totalmente vivenciados de formas diferentes. Foi essencial fazer essa busca interna e externa para meus estudos na expressividade e oratória, já que sou uma pessoa ávida por conhecimento. Era fundamental conhecer a essência das pessoas, identificando suas vivências, crenças e valores, para desvendar acontecimentos vividos, já que minha missão de vida é desenvolver pessoas e extrair o que há de melhor, proporcionando uma transformação em suas vidas pessoais e profissionais. Para isso, era necessário procurar novas vertentes para traduzir todo o conhecimento adquirido, algo que fosse capaz de integrar diversos pilares que, de alguma forma, se relacionassem com a expressão, pois considero a comunicação sinestesias diversas. Mais adiante contarei os aprendizados, inclusive no papel de palestrante e, mesmo sendo treinadora e professora de Comunicação, como foi sentir o desconforto ao ministrar a palestra internacional com tradutor.

**Por que falar em público gera esse desconforto?**

Falar em público é uma manifestação complexa que mexe com valores, crenças, medos, emoções. Enfim, são várias engrenagens acionadas para podermos expor nossas ideias por meio da fala; temos também a fobia social, que muitas pessoas apresentam e, como consequência, evitam falar em público.

Desenvolvi o Coaching Communication®: metodologia que alia comportamento à técnica, e o resultado dessa somatória é o de proporcionar resultados concretos e em curto prazo para você definitivamente assumir sua oratória com liberdade.

Tenho claro que não se trata de uma meta fácil de atingir, mas estou absolutamente convicta de que o Coaching Communication® vai potencializar habilidades comunicativas e de oratória, se for corretamente entendido, aplicado com disciplina; nesta obra, você terá o passo a passo de como chegar até o fim e apresentar resultados significativos. Afinal, estou pisando em um terreno complexo, com muitas variantes. Sem contar que cada um reage à sua maneira diante de determinada situação em que tenha de verbalizar algo, especialmente em frente a uma plateia ou a um grupo de pessoas.

Falar em público e se comunicar assertivamente é libertador e abre oportunidades pessoais e profissionais em larga escala, tornando-se líder no quesito oratória e comunicação. Liderar suas apresentações exige disciplina; realizando os exercícios e seus passos, você irá percorrer a jornada e realizar apresentações impactantes e inspiradoras.

## Alguns conceitos para o entendimento sobre a criação da metodologia

> *Coaching é uma relação de* parceria *que revela e liberta o potencial das pessoas de forma a maximizar seu desempenho. E ajudá-las a aprender em vez de ensinar algo...*
> (GALLWEY, W. Thimothy. *The Inner Game of Tennis*)

A dissertação de mestrado "O julgamento da expressividade do professor em enfermagem ministrando aula"[1] teve como objetivo investigar a expressividade do professor universitário de enfermagem ministrando aula por meio do julgamento dos alunos. O estudo, descritivo com abordagem quantitativa, foi realizado em uma instituição de ensino superior de enfermagem de uma universidade pública, onde 141 alunos avaliaram esse professor que foi filmado. Essa mesma filmagem foi avaliada por três *experts* fonoaudiólogos, especialistas em voz e doutores na área. Concluiu-se que o julgamento do aluno sobre as habilidades expressivas do professor de enfermagem é compatível com a avaliação dos *experts* fonoaudiólogos, mostrando que os alunos da universidade pública são mais que meros espectadores e pessoas capazes de avaliar, com propriedade, o professor.

Com esse estudo, surgiu a oportunidade de aplicar a intervenção com os futuros professores no doutorado também na Universidade de São Paulo. E foi naquele

---

[1] ROMANO, C. C. *O julgamento da expressividade do professor universitário de enfermagem ministrando aula.* 2010. 118 f. Dissertação (Mestrado em Ciências) – Escola de Enfermagem de Ribeirão Preto, Universidade de São Paulo, Ribeirão Preto, 2010.

momento que me senti bem feliz de poder entender que na metodologia (no estudo, ainda não havia sido usado o nome Coaching Communication®) foi aplicado os recursos da expressividade, bem como toda a parte comportamental para que o aluno, futuro professor, saísse da universidade preparado para ministrar suas aulas. O resultado do estudo, a intervenção da expressividade e oratória, apresentou efeitos positivos em relação à expressividade e também aos comportamentos emocionais nas apresentações. Antes, os participantes da amostra se apresentavam inseguros e sem expressividade e, pós-aplicação da técnica, apresentaram maior credibilidade e com segurança ao se comunicar.

**Como apresentar a oratória com liberdade?**

Por meio dos 4 trilhos é possível potencializar o que você tem de melhor em suas apresentações. A palavra *coaching* significa, literalmente, "treinamento". Esse conceito abrange muito mais que apenas "treinamento". Minha formação em coaching me mostrou que essa ferramenta não serve apenas para treinar, mas, sobretudo, para potencializar competências e ativar o potencial humano para pôr em prática suas habilidades comunicativas. Coaching é transformação e evolução. Sendo assim, tem muito a contribuir para a construção da oratória e comunicação das pessoas.

*O primeiro trilho é o autoconhecimento integral e sistêmico: reconhecer*

Conceituo como RECONHECER, portanto, é o grande desafio existencial, ao optar pela atitude de sair da zona de conforto e se conhecer integralmente, entendendo o porquê dos bloqueios, das crenças limitantes, e entender e descobrir os comportamentos que necessitam focar para apresentar resultados em sua comunicação.

*Dentro do autoconhecimento é necessário conscientizar*

Para haver mudança de comportamento comunicacional é necessário conscientizar, pois toda mudança de comportamento existe negação: "eu não preciso mudar", e com a conscientização, trabalhar o momento, ou seja, estar preparado para a mudança. Isso envolve pensar, agir e sentir. Exemplo: quando se sente ansiedade em falar em público, isso é um comportamento; porém, é necessário compreender e conscientizar de que existe essa ansiedade.

*O Segundo Trilho: Ressignificar*

Após a conscientização dos comportamentos, trata-se de produzir um novo significado à crença limitante e eliminar os comportamentos sabotadores. Quando a pessoa aprende a avaliar seus pensamentos de forma realista, há um desenvolvimento do seu estado emocional e comportamentos. Nesse trilho, o objetivo é produzir um novo significado à crença limitante.

*Terceiro Trilho: Reconstruir*

Ocorre o treino das habilidades. Aqui, serão trabalhadas as técnicas de expressividade em sua totalidade, que são os recursos verbais (estes conceitos vocês aprenderão no trilho da reconstrução), vocais e não verbais, que consistem na expressividade, e assim pode-se estabelecer um plano de ação e colocá-lo em prática, apresentando, dessa maneira, a competência comunicacional.

O sucesso do resultado está em você realizar todos os trilhos. O objetivo é proporcionar ao leitor uma melhora significativa em sua maneira de se expressar, complementando o conhecimento não apenas das pessoas que já realizaram algum curso voltado à comunicação, mas também de profissionais que precisam se expor dia a dia, como fonoaudiólogos, jornalistas, professores, administradores, psicólogos; afinal, todas as pessoas precisam se comunicar.

Para melhor proveito, disponibilizamos o site http://www.cristianeromano.com.br/exercícios. Acesse o link, faça seu cadastro e tenha acesso aos exercícios.

*Quarto Trilho: Regar*

O regar é uma metáfora poderosa, é importante regar o jardim para que o mesmo floresça, no entanto, cada jardim é regado de uma forma (frequência, quantidade de água). E na oratória e comunicação não será diferente;

após você passar por todos os trilhos, deve-se entender o que é necessário fazer para continuar apresentando resultados consistentes.

E é por isso que toda habilidade aprendida deve ser regada.

O sucesso do seu resultado está em treinar os exercícios, disponibilizados em www.cristianeromano.com.br.

**Como apresentar resultados e oratória com liberdade?**

Como é um processo, por meio das ferramentas empregadas, contribuindo para o desenvolvimento de comportamentos que visam solucioná-la, principalmente, as dificuldades relacionadas à insegurança, falta de planejamento, iniciativa, autoconfiança, autojulgamento excessivo, entre outras questões que podem impedir as pessoas no ato de se expressarem.

*Viva a jornada, ou seja, cada trilha, vença uma a uma, e siga as dicas para você apresentar resultados surpreendentes.*

**Fique atento:**

*- permissão de errar e realizar novamente;*
*- disciplina, ao reservar um momento para realizar as atividades;*
*- despir-se de todo tipo de julgamento;*

- *sempre lembrar que você é responsável pelas suas mudanças;*
- *foco nos pequenos resultados, um dia de cada vez.*

Então, por que não fazer isso da melhor maneira? Por que temos de ficar batendo a cabeça em repetidas situações de desconforto? Por que temos de sofrer diante do impasse de nos comunicar?

Que tal diminuir esse desconforto?
Que tal transformar algo que o incomoda?
Que tal liderar sua comunicação em público?
Que tal apresentar oratória com liberdade?
Vamos iniciar sua jornada rumo à oratória com liberdade.

Vamos em frente.
Eu estou com você.
Boa leitura e PRÁTICA.

# Capítulo 1

## Falar em público é libertador

"Falar em público e se comunicar assertivamente é libertador, te levará a oportunidades pessoais e profissionais surpreendentes."
(Dra. Cristiane Romano)

Existem inúmeros artigos, textos e livros publicados sobre oratória: A *arte de falar bem* (Clair Alves), *Comunicação e expressão*, entre outros, na maioria teóricos, com conceitos abrangentes. Para tanto, a proposta desta obra é apresentar os ensinamentos adquiridos na prática, que vocês podem realizar em seu dia a dia. Nela, serão apresentadas condições de aprendizagem comportamental e técnicas práticas que vão auxiliá-lo em apresentações para pequenos, médios e grandes públicos, como também em entrevistas de emprego, vídeos em mídias sociais, apresentações de projetos, reuniões por videoconferência, além de pessoas que lidam com arte, como é o caso de atores, cantores, entre outros, mostrando como agir em público de modo geral e, com isso, sair da prisão de não se comunicar por bloqueio, dificuldade comportamental ou falta da técnica.

Lembrem-se de que a comunicação é um dever de todos, pois uma comunicação assertiva melhora o relacionamento com nossos pares, diminuindo os conflitos gerados por má interpretação da mensagem transmitida, podendo ainda apresentar desenvolvimentos profissional e pessoal, pois, estabelecendo conexões, o resultado acontece e estes resultam em novos projetos referentes à comunicação em público.

**Você já parou para pensar sobre quando iniciamos nossa comunicação?**

A comunicação ocorre desde o período gestacional, por meio dos movimentos do feto com a mãe, expressando, assim, suas características e seu temperamento. É a forma de o feto dizer "estou vivo e preciso de cuidados".

O recém-nascido, por exemplo, se expressa por meio da entonação do choro, demonstrando o que está sentindo, seja um estado de fome, sede, dor de barriga etc. Com isso, a mãe interpretará esse choro de acordo com a forma como ele é sonorizado, e de acordo com esta interpretação a mãe irá responder àquele contexto.

Na contemporaneidade, as pessoas estão, cada vez mais, sendo cobradas para se comunicar de maneira adequada. A tecnologia chegou, e tomou espaço nas mídias e nas redes sociais. Com isso, a oratória passou a ser uma ferramenta importante para expressar as suas qualidades e as de seus produtos ou serviços, para vender melhor a sua imagem, potencializar o marketing pessoal e levar o conteúdo aos internautas. Não basta apresentar um currículo bem elaborado e adequado às suas funções; há a necessidade de saber apresentar de forma adequada esse currículo e suas *expertises*, ou seja, comunicar bem o que você faz de melhor, sua área de atuação, e fazer com que tudo isso se torne atrativo e desperte o interesse das pessoas.

A forma como são expressados seus talentos influenciará o processo de percepção e formação de um marketing pessoal adequado. A comunicação torna-se um viés em que a mensagem é conduzida e compreendida expressamente em sua totalidade, voz, conteúdo e corpo, e assim, obtém-se melhores resultados no ambiente de trabalho.

Ela se estabelece por meio da troca de informações entre pessoas, possibilitando a acessibilidade e difusão de mensagens e/ou informações, mediante códigos que dinamizem e instrumentalizem processos fundamentais à vivência humana e à organização social, tais como ondas sonoras, letras impressas, símbolos, gestos, linguagem oral, telefone, internet etc. A comunicação proporciona informações e compreensões necessárias às pessoas, promovendo, assim, a motivação, a cooperação e a satisfação nos cargos, contribuindo para manter o ambiente de equipe no desempenho de suas funções, e este fato irá utilizar em algum momento a oratória. Espera-se que o profissional seja integrado nos ambientes de sua convivência. Geralmente, esse comportamento abre as portas para o profissional; ele dispõe de um aparato da oratória para a resolução de seus desafios, defendendo seus projetos, lançando produtos e, com isso, destacando-se no mercado de trabalho.

Todas as atividades hoje em dia exigem comunicação e oratória eficientes; o mercado de trabalho é exigente e cobra a todo momento por isso.

**Afinal, a comunicação é essencial ao mercado de trabalho?**

Parece óbvia a resposta "sim", embora as pessoas ainda não tenham se conscientizado sobre tal afirmação.

Todas as atividades necessitam da oratória!

Muitas pessoas dizem: "Mas oratória é somente para quem vai se comunicar em público". A resposta é não, ela é um meio essencial de atingir e realizar uma comunicação efetiva. E por que ainda acontecem as dificuldades e os bloqueios?

A liberdade ao se comunicar efetivamente tem sido uma característica das pessoas bem-sucedidas, ao contrário do que observar em depoimentos de alunos e, com isso, podemos afirmar o quanto as pessoas perdem oportunidades. Veja o exemplo do caso 1, adiante.

### CASO 1

Um aluno chamado Paulo (nome fictício) se forma em uma instituição reconhecida e apresenta excelentes notas, destacando-se entre os melhores de sua classe desde o colégio até a universidade. O estudante precisava, com frequência, fazer apresentações orais dos seus trabalhos diante de colegas e professores, porém, não desempenhava tal tarefa por sentir medo de errar, falta de autoconfiança ou alguma deficiência. Determinou ele ser o melhor aluno? Resolveu ele se destacar?

Provavelmente, Paulo não passará nas entrevistas, pois, embora suas notas e seu destaque como aluno sejam importantes para sua vida profissional, esses não são os fatores principais, uma vez que esse estudante será levado a enfrentar vários desafios, como entrevistas e dinâmicas de grupo, para concorrer a uma vaga no mercado de trabalho. Conseguindo este lugar almejado, virá outro desafio ainda maior: ele vai necessitar participar de reuniões, negociações, fazer apresentações de projetos, ministrar palestras em convenções e seminários.

As pessoas trazem indícios de como é importante estarem atentas à oratória e à comunicação, pois as empresas já estão sofrendo pela dificuldade de encontrar profissionais desse quesito, conforme pesquisas.

Uma pesquisa realizada pela Consultoria de Recursos Humanos DMRH (SP)[1] sobre a comunicação em empresas de todo o país, mostrou que 47,9% dos profissionais brasileiros estão insatisfeitos com a qualidade da comunicação no trabalho. Metade dos entrevistados reclamou da falta de clareza dos executivos de sua empresa, o que indica que o maior problema está nos gestores: ou porque sonegam as informações que deveriam transmitir a seus analistas, por medo de que estes saibam usá-las melhor que eles; ou porque não acreditam que a comunicação seja uma atividade importante. Não chega a espantar, portanto, que 54,9% dos profissionais dizem não haver um ambiente de confiança mútua na empresa em que trabalham. O resultado vai ficar prejudicado e o clima organizacional, ruim.

---

1 A DMRH é uma consultoria de recursos humanos que desde 1988 trabalha com atração, recrutamento, seleção e desenvolvimento de pessoas. Sua atuação engloba desde especialistas até presidentes, nos mais variados segmentos de mercado. A DMRH pertence ao Grupo DMRH, formado também pela Cia de Talentos, empresa especializada no recrutamento e na seleção de jovens em início de carreira.

O jornal inglês *Sunday Times* realizou um levantamento com 2 mil entrevistados no qual cada um deveria ordenar seus maiores medos. O resultado apontado foi que 41% deles tinham receio de falar em público, seguido por problemas financeiros (22%) e medo de doenças e da morte (19%). A pesquisa evidencia que as pessoas deixam de expor suas ideias por medo de se expressar, perdendo, assim, muitas oportunidades. A comunicação é uma habilidade em falta no mercado de trabalho, mas muito requisitada nos processos de seleção. Segundo pesquisa do Centro de Integração Empresa-Escola (CIEE), com 2 mil recrutadores, a comunicação verbal e escrita foram lembradas por 32% deles como uma competência essencial para os aprendizes e *trainees* das organizações. A falta dessa habilidade diminui as chances de conquistar uma vaga no mercado de trabalho e, consequentemente, atrapalha a evolução da carreira profissional do candidato em questão.

Acompanhe o caso 2:

### CASO 2

Um executivo de uma empresa bem-conceituada pede a seu colaborador que apresente um projeto a um cliente relevante, pois ele não poderá participar dessa apresentação, uma vez que surgiu uma reunião de última hora. Tal colaborador pensa duas vezes e se imagina no momento da apresentação. Vários pensamentos negativos passam por sua cabeça, e ele fica em dúvida: "Nego ou enfrento a situação?".

Ele tem duas opções:
1. *Aceitar e enfrentar o desafio de apresentar o projeto:* **em diálogo interno, ele pensa: "Preciso aceitar, pois é minha oportunidade".**
2. *Não aceitar:* **em seu diálogo interno, ele pensa: "Não estou preparado o suficiente"; "E se eu errar ou não me apresentar bem?".**

O colaborador, optando por não aceitar, perderá a oportunidade de apresentar-se e, em consequência, demonstrar o seu potencial, além da chance de se colocar em evidência para uma possível promoção na organização.

Aceitando a tarefa, porém, estará abrindo portas.

Ele corre o risco de errar? Claro. Mas, se ele não arriscar, não saberá o resultado desse desafio e, assim, vai acabar criando bloqueios em sua carreira com frases do tipo: "E se eu falhar...", "E se eu errar...", "E se eu não conseguir...", "E se eles não gostarem de mim..." – bloqueios que se tornarão barreiras para o crescimento profissional.

Caso aceite, também existirá um sofrimento interno muito grande, e é nesse momento que percebemos um autojulgamento excessivo e, claro, este não apresenta liberdade na oratória, e pode ser comparado a uma prisão, na qual a pessoa não tem identidade e também não pode aceitar convites, pois ela apresenta bloqueios e crenças que a impedem de se expressar, gerando medo e insegurança.

## Como apresentar a oratória com liberdade®?

Por meio dos 4 trilhos, que também podemos chamar 4R's do método Coaching Communication®, é possível potencializar o que você tem de melhor em suas apresentações. A palavra coaching significa, literalmente, "treinamento". Esse conceito abrange muito mais que isso. Minha formação em coaching me mostrou que essa ferramenta não serve apenas para treinar, mas, sobretudo, para potencializar competências e ativar o potencial humano para pôr em prática suas habilidades comunicativas.

Coaching é transformação e evolução. Sendo assim, tem muito a contribuir para a construção da oratória e a comunicação das pessoas. Daí o nome de minha metodologia: Coaching Communication® ou de Comunicação.

### Alguns conceitos para o entendimento e criação da metodologia

*Coaching é uma relação de parceria que revela e liberta o potencial das pessoas de forma a maximizar seu desempenho. E ajudá-las a aprender em vez de ensinar algo...*
(Gallwey, W. Thimothy. *The Inner Game of Tennis*)

Whitmore menciona que o coaching consiste em desbloquear o potencial da pessoa para maximizar seu desempenho.

Coaching Communication® leva à oratória com liberdade® que precisa ser potencializada para que você alcance seu mais alto grau de performance comunicativa.

## Capítulo 2

# Por que oratória com liberdade®?

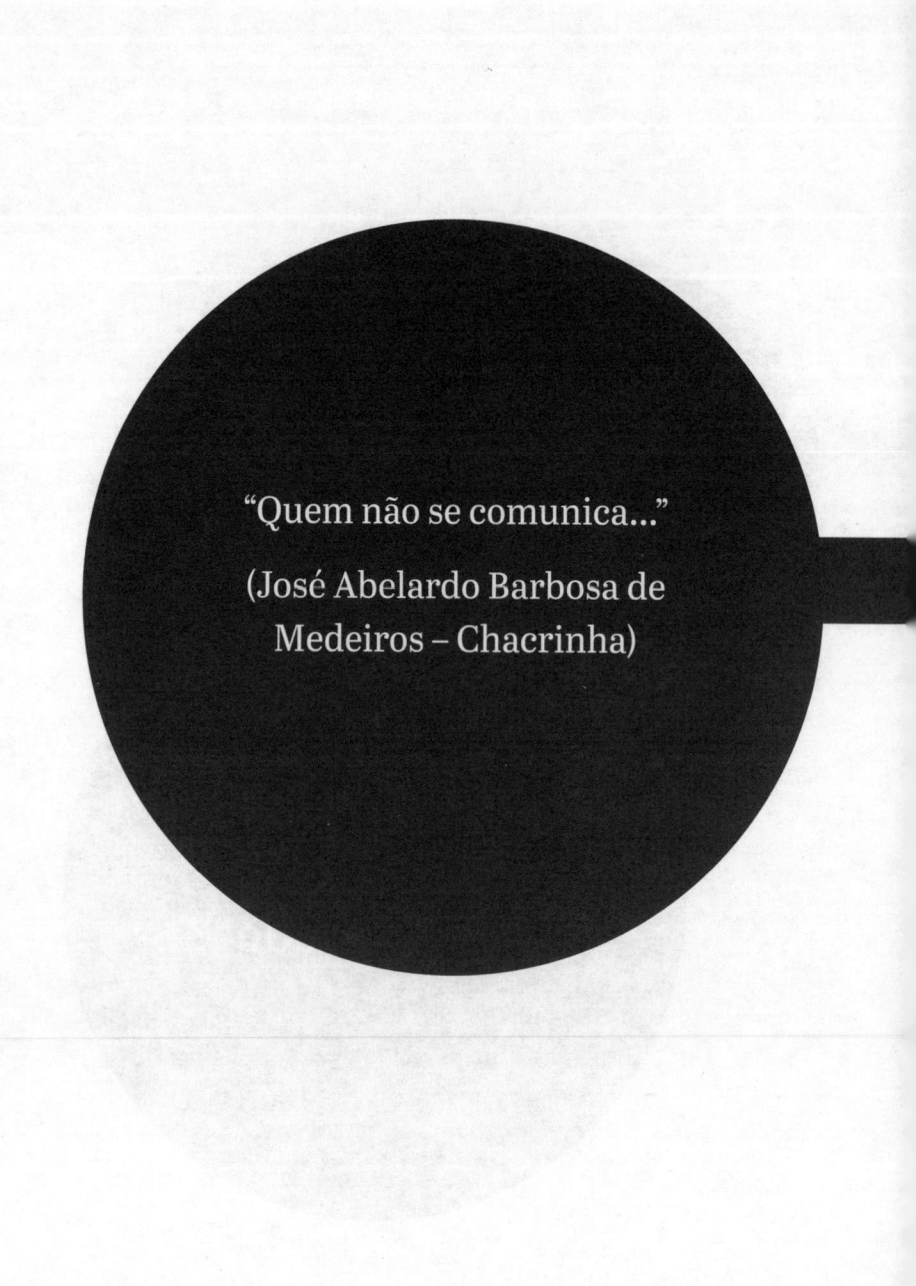

"Quem não se comunica..."
(José Abelardo Barbosa de Medeiros – Chacrinha)

A epígrafe deste capítulo já nos dá a definição de oratória com liberdade, por intermédio de um dos maiores comunicadores da TV brasileira e uma das figuras mais marcantes da história da televisão: José Abelardo Barbosa de Medeiros (1917-1988), mais conhecido por Chacrinha, o Velho Guerreiro.

Entre seus bordões de maior sucesso, destaca-se o "quem não se comunica, se trumbica".

**Afinal, o que é a oratória com liberdade®?**

Muitas pessoas, quando faço essa pergunta, respondem: "É comunicar-se com liberdade, falando o que você tem vontade". Será?

Vamos pensar: quando falamos o que temos vontade, podemos magoar, invadir o outro, trazer desconforto para ambos os comunicadores. Pretendo apresentar a vocês um conceito totalmente contrário, e ao mesmo tempo agregador. Esse conceito surgiu após histórias que colecionei em minha atuação ao longo desses anos.

**Oratória com liberdade® é você se comunicar em meio a pequenos, médios e grandes públicos de forma**

tranquila, exercendo de fato a presença e com isso garantir o flow[1], permitindo-se comunicar-se sem julgamentos (nem o autojulgamento, nem o julgamento do outro), transmitindo, assim, a mensagem com expressividade, utilizando recursos verbais, vocais e não verbais. Além disso, também é fazer uso da inteligência emocional para enfrentar situações constrangedoras.

Fazendo uma comparação com o Chacrinha, apesar de o bordão ter sido criado há muitos anos, a frase continua valendo para os dias de hoje, já que a comunicação é requisito fundamental para inclusão na sociedade moderna em suas diversas áreas.

Existem mais de mil conceitos relativos à comunicação, eu considero; é necessário haver para causar o magnetismo, e a informação será transmitida com efetividade.

## Conexão: partilhar com estabelecimento de uma unidade energética entre as partes

A comunicação efetiva-se por meio de conexões diversas e troca de informações, para que a mensagem seja conduzida e compreendida (CHIAVENATO, 2004)[2]. Esse

---

1 Criado pelo psicólogo Mihaly Csikszentmihalyi, o conceito de *flow* (fluxo ou experiência ótima) pode ser entendido como um estado subjetivo no qual as pessoas estão a tal ponto engajadas em uma atividade, que se esquecem do tempo, da fome, da fadiga, ou seja, de tudo, exceto da atividade.

2 CHIAVENATO, Idalberto. *Introdução à Teoria Geral da Administração: na administração das organizações.* Edição Compacta. 3° Ed. Rio de Janeiro: Elsevier, 2004.

contato se estabelece por intermédio de códigos, que são interpretados individualmente e representados por ondas sonoras, letras impressas, mensagens digitais, símbolos, gestos, linguagem oral etc., conforme Chiavenato detalha em sua obra. Vale ressaltar que a palavra *comunicação* é originária do latim *cumminis*, que representa comunhão no sentido de participar, compartilhar, transmitir.

*Compartilhar* significa tornar abrangente aquilo que pensamos, acreditamos, construímos. Representa um sentido maior para aquilo que guardamos dentro da gente e que poderá ser muito útil às outras pessoas. Mas, para que isso venha a ocorrer, precisamos externar nossas ideias com êxito, despertando o interesse por aquilo que estamos expondo.

**Como colocar as ideias com êxito e despertar interesse no que estamos expondo?**

Quando me julgo ou julgo o outro, envio sinais não verbais para a plateia e dificulto o compartilhamento (a exposição de ideias fica falha); minha conexão diminui, pois perco a sintonia com a plateia (faço a desconexão), e ocorrem então a insegurança e a falta de liberdade.

Outro tipo de julgamento é o feito pela outra pessoa com quem você dialoga: o interlocutor. Vejamos o exemplo abaixo:

Você está ministrando uma palestra, mas há pessoas que aparentemente não estão prestando atenção ao que você fala. Elas olham para o celular, fazem um ou outro comentário com quem está ao lado, mostrando-se dispersas ou mesmo saindo antes do término da palestra, dando a impressão de que não estão focadas na apresentação que ocorre no palco.

Será?

É de fato muito perigoso esse tipo de observação, pois você não tem dados, nem fatos suficientes, para saber o que está acontecendo de verdade com essas pessoas. Tal julgamento o levará a quebrar a conexão. Uma hipótese pode ser que a pessoa esteja com alguma dor ou incômodo que a impeça de se manter na postura habitual de um espectador interessado, ou teve um compromisso que a obrigou a se retirar antes do fim.

Enfim, o melhor é *neutralizar* o julgamento.

É claro que, se percebeu que está acontecendo algo estranho: distração, conversa, sonolência da plateia, como estratégia você deve mudar a sua performance e utilizar o plano B. Porém, nunca julgue para não tirar a sintonia.

Esse julgamento ocorre no lado esquerdo do cérebro, mais racional, e se baseia nos dados não verbais, apenas observados, sem o adendo de uma comunicação verbal, que poderá proporcionar uma interpretação dos fatos diferente da que ocorreu inicialmente.

As situações apresentadas teriam sido melhores e mais corretamente interpretadas se fossem analisadas com base na informação e no entendimento dos dados disponíveis (e não somente a partir do conteúdo não verbal, conforme ocorreu em nosso exemplo).

# Capítulo 3

# Oratória para persuadir

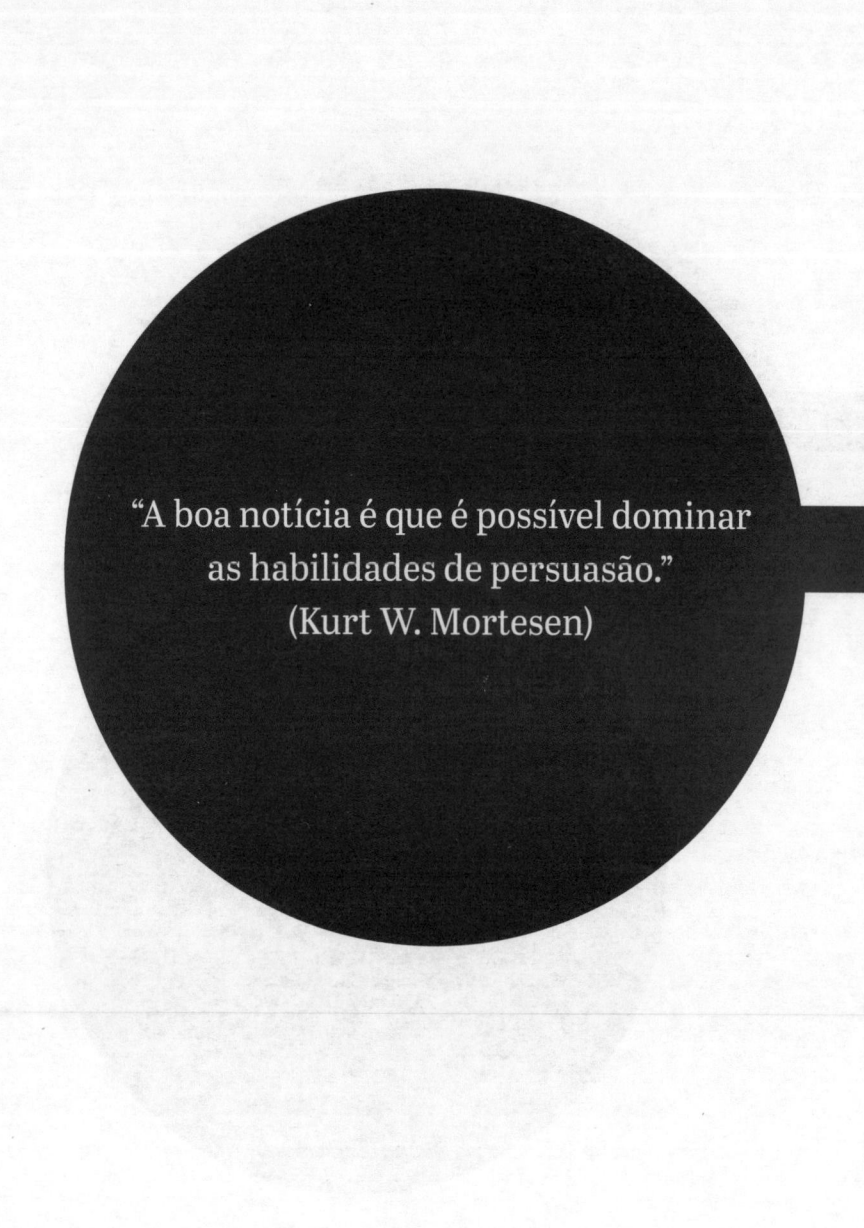

"A boa notícia é que é possível dominar as habilidades de persuasão."
(Kurt W. Mortesen)

O primeiro passo para que ocorra a persuasão: é necessário entender a percepção do mundo, nossa e do interlocutor.

## Como se dá nossa percepção do mundo?

Todos os nossos sentidos são afetados pela nossa personalidade, assim como a forma de vermos o mundo. Por sua vez, nossa personalidade é também modificada pela nossa história de vida. Os caminhos neurais de nossa percepção, ou seja, as "trilhas" seguidas pelos impulsos nervosos, que permitiram às células do cérebro conversarem entre si, são alterados ou reforçados por experiências e pelo estado emocional. Se pensarmos assim, veremos que nos comunicamos com o outro por meio de conexões baseadas na percepção que apresentamos do mundo, em nossas memórias comunicativas e experiências de vida.

Tratam-se de conceitos que variam de pessoa para pessoa, por exemplo: o que é bom ou ruim, grande ou pequeno, justo ou injusto e valores. Entender os valores de alguém é importante para saber como inspirá-lo. Na carreira profissional, são fundamentais a busca de novas maneiras de perceber situações, uma atitude resiliente perante as mudanças, visão estratégica e abertura a novas informações. É preciso sempre refletir sobre nossas atitudes diante dos desafios: se temos ousadia, se agimos com espírito investigativo, se exercitamos a iniciativa e a criatividade, se percebemos possíveis limites em nosso desempenho, se assumimos uma postura mais contributiva para o alcance de resultados. Esse é o diferencial do comunicador participativo, que não se importa com o que o outro vai dizer e age usando sua análise situacional, sem deixar de lado a criatividade.

E como fazer isso por meio do cérebro? Uma teoria controversa no meio científico, embora ainda defendida por muitos, é a teoria do cérebro duplo. Segundo ela, as funções cerebrais estão divididas entre os dois hemisférios do cérebro, cada um dotado de uma especialização diferente, os quais operariam como entidades autônomas: o lado direito seria mais emocional, criativo e visual, ao passo que o esquerdo seria mais analítico, lógico e verbal. Presumindo que haja de fato essa diferenciação de funções, para que haja comunicação, é preciso acessar competências dos dois lados do cérebro. Se usarmos somente o lado direito ou somente o esquerdo, vai haver falhas na comunicação: usando somente o lado direito, teremos prejudicada nossa capacidade de analisar a situação que estivermos vivendo; por outro lado, usando somente o esquerdo utilizaremos apenas o julgamento racional e a análise da situação. Em uma comunicação, podem ocorrer vários tipos de gestos, como esfregar as mãos ou gesticular de maneira não condizente com a mensagem: a linguagem corporal trai nossos pensamentos. Já o julgamento do outro acontece quando definimos uma pessoa somente com base em um primeiro contato, formando um conceito mental: "parece que este palestrante está nervoso" – o fato de esfregar as mãos –, "parece ser uma pessoa feliz"; "acho que ele não gostou de mim". Essa forma de julgamento do outro também é demonstrada na expressividade e no movimento corporal.

A impressão imediata que temos da pessoa é registrada pelo sistema límbico, nossa área encefálica ligada às emoções. O sistema límbico é chamado de "encéfalo emocional" (TORTORA; DERRICKSON, 2016)[1], desempenhando papel primário nas emoções como medo, prazer, dor, docilidade, afeição e raiva. Esse registro ocorre mais especificamente na amígdala. Em seguida, surge uma avaliação analítica influenciada por nossas experiências anteriores e memórias guardadas ao longo da vida, que possivelmente tem lugar no neocórtex, a porção do cérebro responsável pela cognição e pelo armazenamento permanente de memórias. É assim que se formam as primeiras impressões.

É importante lembrar que a avaliação inicial que fazemos de uma pessoa pode estar mais ou menos correta. Quanto menos correta estiver, mais pode ser considerada um julgamento inadequado e precipitado. Quanto mais positivo for o julgamento, melhor! Segundo a já citada teoria do cérebro duplo, que dita que o hemisfério direito (REYMAN, 2010)[2] é o da emoção, o julgamento positivo é feito por esse hemisfério.

---

1 TORTORA, Gerald J. DERRICKSON, Bryan. *Princípios da anatomia e fisiologia*. 14ª ed. São Paulo: Guanabara Koogan, 2016. p. 423-424.
2 REYMAN, Tonya. *A arte da persuasão*. 1ª ed. São Paulo: Leya, 2010.

Como o hemisfério esquerdo é o mais analítico e racional, está mais ligado aos julgamentos negativos.

### Emoções na comunicação e na oratória

É importante primeiro definirmos o conceito de emoção. A emoção significa movimento de dentro para fora, sendo a forma de expressar nossas necessidades internas. As emoções são respostas autônomas, endócrinas e motor-esqueléticas, que dependem das áreas subcorticais do sistema nervoso, as quais preparam o corpo para a ação.

### O poder do agora na oratória

*Onde você está? Aqui.*
*Que horas são? Agora.*
*O que é você? Esse momento.*
(do filme *O poder além da vida*)

Sabia que uma oratória de excelência está relacionada ao seu poder do agora?

Constatei que os exercícios de teatro que trabalham presença aumentam a autopercepção sinestésica, criando uma relação intimista de fluxo energético entre o emissor e o receptor, que eu considero a "sintonia e conexão"; estas levam ao poder do agora e têm influência diretamente com a expressividade. Esse fato foi embasado durante os estudos do doutorado e também na artista performativa Marina Abramovic. A estudiosa de *performance art* Eleonora Fabião (2008), no artigo "Performance e teatro:

poéticas e políticas da cena contemporânea", coloca que esse exercício é utilizado por Abramovic como preparação para suas performances, é uma experiência. Trata-se de uma "experiência que possibilita um confronto cru com a fisicalidade e com a metafisicalidade"; ou seja, está além da física, visando à essência do ser.

Na oratória, é necessário viver o agora e realizar o estado de presença; com isso, entrar em *flow* automaticamente, exercendo a sintonia e fluidez com sua plateia; de modo instantâneo, ocorrerá o magnetismo, as pessoas irão focar sua apresentação e você, as pessoas. É necessário exercitar, e uma das formas é abrir os canais de sinestesiais, bem como auditivo, visual e sinestésico, exercitando a presença, e em consequência o *flow* virá de forma natural e o conteúdo fluirá de maneira intensa.

Este conceito (*flow*) foi definido após experiências e estudos. Como apresentar o *flow*? A resposta é simples, mas entrar neste fluxo energético é complexo, pois é abstrato para as pessoas, e por isso, neste momento durante a prática, eu trabalho somente vivências; o sentir leva os alunos a experimentarem o poder do agora e automaticamente entrarem em *flow*.

A seguir, uma figura esquemática para melhor compreensão:

## Oratória com fluidez

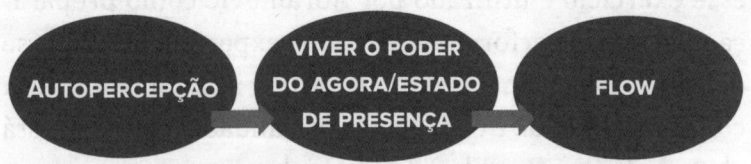

**AUTOPERCEPÇÃO** → **VIVER O PODER DO AGORA/ESTADO DE PRESENÇA** → **FLOW**

**Como conseguir realizar este esquema acima?**

Muitas pessoas me perguntam: "Exercer o poder do agora é parar de pensar?" Não!

As pessoas mal acordam e já são bombardeadas por pensamentos em sequência – muitas vezes negativos –, e antes de atuar na oratória, esse fato acontece intensamente. É necessário trabalhar e exercitar a nossa mente, esses ruídos que geram fora do contexto irão atrapalhar o desempenho de qualquer atividade, e ao falar em público isso pode acontecer. A mente vaga por pensamentos alheios às atividades com as quais estamos ocupados em determinado momento. Esse ruído mental incessante nos impede de viver com serenidade, cria bloqueios e medos devido a pensamentos que andam pelo passado, trazendo *gatilhos mentais* no exato momento em que estamos atuando, gerando ansiedade e medo de errar, pois esses pensamentos se tornam cíclicos, padrões e inconscientes.

Precisamos entender a sua relação com o tempo, ou seja, estar presente no momento e viver as possibilidades do agora. O tempo nada mais é que uma percepção humana, e por isso, não existe passado nem futuro. O passado foi vivido e, com ele, apenas resta aprender. O futuro ainda não foi vivido, e com ele nos resta apenas planejar. Fazer o contrário, vivendo no passado, pode gerar depressão e tristeza, enquanto viver no futuro pode gerar ansiedade.

As frases comuns de vivência do passado: *"Eu deveria ter feito assim", "eu deveria ter falado deste assunto e esqueci", "por que eu não planejei mais?"*.

As frases de vivência do futuro: *"não aguento minha ansiedade, só de pensar na apresentação já fico com frio na barriga", "eu tô com medo de errar"*, entre outras frases e pensamentos ruídos que acontecem e impedem as pessoas de viverem o *agora*.

Na oratória, os exemplos de frases descritas acima que ocorrem em forma de pensamento se transformam em sentimentos, e estes podem gerar gatilhos mentais de insegurança.

Veja o que acontece.

Pensamentos ruidosos incessantes geram sentimentos, e o corpo responde por meio da expressividade, de recursos verbais, vocais e não verbais. A pessoa já chega para se apresentar com voz trêmula, como resposta do recurso vocal, do corpo retraído; resposta dos recursos não verbais; as palavras somem, o uso dos vícios de linguagem (né, tá, certo) se tornam recorrentes, como resposta do recurso verbal.

> • Viver no presente
> • Aprender com o passado
> • Planejar o futuro

**MENTE**

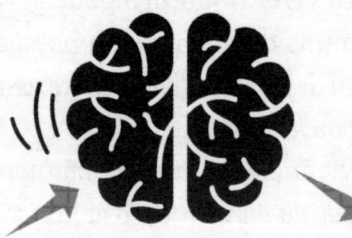

Pensamentos ruidosos na oratória

Resposta: Recursos verbais, vocais e não verbais = Expressividade

**A genialidade da mente para os bloqueios e os medos na oratória**

O medo de falar em público é a causa maior da dificuldade que as pessoas têm para se apresentar diante de uma plateia. O medo acarreta inúmeros problemas de comunicação. Por causa dele, algumas pessoas falam baixo, ou alto demais, parecem artificiais, agressivas, desarticuladas, aceleram a fala ou a desaceleram, até alcançar uma irritante monotonia – enfim, sentem-se desconfortáveis e incompetentes para falar diante de um grupo de ouvintes.

Chamamos de *medo*, a alteração psíquica que se manifesta no corpo, na presença de um perigo real ou que achemos real. O medo de falar em público é um medo "imaginário", ou seja, ele se manifesta por meio do seu inconsciente, ativando algumas memórias registradas durante a vida, que perduraram. O medo de falar em público pode variar desde o medo de uma apresentação até o medo de falar com um superior hierárquico.

## Como libertar-se desse medo?

Uma possibilidade é trazer para a consciência, compreender o que está acontecendo, entender e trazer para realidade liberta de que não somos nossa mente e podemos tomar as rédeas dela. Muitas vezes deixar de enxergar é mais fácil, é preferível usar uma viseira; com isso, ficamos acomodados por anos e entramos na zona de conforto. Leia a história a seguir, ela exemplifica a conformidade e o medo de enxergar.

*Por mais de trinta anos, um mendigo ficou sentado no mesmo lugar, debaixo de uma marquise. Até que, um dia, uma conversa com um estranho mudou sua vida:*
*– Tem um trocadinho aí pra mim, moço? – murmurou, estendendo mecanicamente seu velho boné.*
*– Não, não tenho – disse o estranho. – O que tem nesse baú debaixo de você?*
*– Nada, isso aqui é só uma caixa velha. Já nem sei há quanto tempo sento em cima dela.*
*– Nunca olhou o que há dentro? – perguntou o estranho.*
*– Não – respondeu. – Para quê? Não tem nada aqui!*
*– Dê uma olhada dentro – insistiu o estranho, antes de ir embora.*
*O mendigo resolveu abrir a caixa. Teve de fazer força para levantar a tampa e mal conseguiu acreditar ao ver que o velho caixote estava cheio de ouro.*[3]

---
3  TOLLE, Eckhart. *O poder do agora*. Rio de Janeiro: Sextante, 2000.

Essa história pode propiciar várias interpretações: uma pessoa acomodada, acreditando que nada poderia mudar, ou uma pessoa que tinha medo de ver o que estava dentro da caixa e se deparar com algo ruim. E quem disse que aquilo seria ruim? Apenas sua mente. Essa história pode nos trazer o aprendizado de que sempre podemos nos surpreender com situações que achamos ser ruins ou das quais temos medo.

**Aprofundamento nos medos e no seu "eu"**

Quando passamos a acreditar em algo o "eu" materializa os pensamentos virtuais (pensamentos inconscientes), portanto, emocionalmente estéreis (medo, sentimento de culpa, ou ansiedade), e assim se formam pensamentos que são destrutivos.

A memória humana é arquivada no córtex cerebral e guarda situações ou vivências em regiões que são chamadas *janelas da memória*. Segundo a teoria de Augusto Cury, existem janelas neutras, traumáticas (*killer*) e saudáveis (*light*), que nos influenciam no processo de aprendizado, o mesmo ocorrendo com o processo de construção de nossa comunicação interpessoal ou em público.

As janelas *killer* influenciam e contaminam o raciocínio, distorcem a realidade e, quando acessadas, disparam os gatilhos da memória. Os gatilhos da memória, quando disparados por um estímulo qualquer, seja um pensamento, seja um estímulo físico, suscitam reações no centro da inteligência em milésimos de segundo após a leitura da memória e a assimilação de seu conteúdo. Como temos contato com centenas de milhares de estímulos por dia, esse fenômeno de autoverificação é acionado também centenas de milhares de vezes. Qualquer objeto em que pensarmos – casa, cadeira, palco, bicicleta – é submetido a esse processo. Por exemplo, quando temos uma história arquivada por um fenômeno de registro automático de memória (RAM) e nos deparamos com algum fato registrado, bom ou ruim, o gatilho é disparado e a experiência passada é acessada. Se essa experiência tiver sido ruim, as janelas acessadas serão as *killer* ou traumáticas. Se tiver sido boa, as janelas acessadas serão as *light*.

Se em algum momento da sua vida alguma experiência comunicacional passada provocou em você sensações ruins, em uma apresentação ou relação interpessoal, essa experiência pode ter criado bloqueios que, por meio dos gatilhos da memória, desencadeiam reações de fobia.

### Olhando para dentro de si

Para trabalhar o medo, é preciso olhar para dentro de si.

O primeiro passo é *desafiar o medo*, assumindo riscos, e executar e praticar a oratória mesmo que o resultado não seja perfeito. Busque ferramentas para falar em público e chegar ao seu objetivo. Descubra suas necessidades, o que pode fazer para obter melhores resultados.

O segundo passo é entender que o medo nasce do pensamento e aceitar que o *pensamento pode ser uma armadilha*. Por exemplo, quando você vai se apresentar em público e, em dado momento, você pensa que o público que está presente sabe mais que você, pronto, houve um pensamento que se tornará uma armadilha no momento da sua apresentação. Segundo Augusto Cury (2016)[4], para entender a teoria dos pensamentos, é importante entender sobre mente consciente e inconsciente. O consciente ocupa uma parte insignificante da mente, seguindo a já conhecida teoria de Freud que encara o psiquismo humano como iceberg, do qual apenas uma pequena parte emerge da superfície da água, que são o consciente e o pré-consciente, enquanto o inconsciente ocupa a maior parte.

A parte emersa corresponde ao consciente, conforme a figura adiante. Com o consciente a pessoa controla seus desejos, suas necessidades e conveniências no meio social; o pré-consciente é a conexão entre o consciente e o inconsciente, é como se fosse a passagem da parte real para a resguardada. É composto por conteúdos psíquicos (memórias, conhecimentos armazenados) e que podem ser readquiridos. O seu papel é bloquear os aparecimentos de pulsões socialmente inaceitáveis. O inconsciente formado por instintos, pulsões e desejos.

O inconsciente, por sua vez, são nossas memórias, que são chamadas de programas internos. O inconsciente não diferencia entre o real e o imaginário, e a memória é evidenciada quando existe a junção da emoção e do pensamento, seja ele bom ou ruim.

O inconsciente cria o sofrimento. A consciência transforma o consciente. Nas palavras de Paulo de Tarso: "Tudo é revelado ao ser exposto à luz, e o que for exposto à própria luz se torna luz".

---

4   CURY, Augusto. *Ansiedade 2*: autocontrole. São Paulo: Benvirá, 2016.

A incapacidade de colocar em palavras todo o conteúdo de nossos pensamentos pode ser explicada com base no conceito de pensamentos dialéticos. Segundo Augusto Cury, pensamentos dialéticos são os nossos

**CONSCIENTE**
- Pensamentos
- Percepções

**PRÉ-CONSCIENTE**
- Memórias
- Conhecimentos armazenados

**INCONSCIENTE**
- Medos
- Impulsos sexuais inaceitáveis
- Impulsos destrutivos
- Motivações egoístas
- Impulsos imorais
- Desejos irracionais
- Experiências infantis traumatizantes

Fonte: https://divagacoesligeiras.blogs.sapo.pt/consciente-pre-consciente-e-415081

pensamentos mais conscientes e lógicos, bem definidos psicolinguisticamente, gerenciados com facilidade pelo "eu" e, por isso, utilizados em análises, discursos e relações interpessoais. São facilmente codificados pelo sistema nervoso central e pelo aparelho fonador. As dimensões dos pensamentos dialéticos; no entanto, superam as dimensões que podem ser expressas pela verbalização nas comunicações sociais e interpessoais. É por isso que muitas vezes temos a sensação de que nossa fala é incapaz de expressar as nossas ideias, ou seja, produzimos mentalmente um conteúdo muito maior do que aquele que conseguimos verbalizar.

Agora que já entendemos como os pensamentos podem nos limitar e enganar, é hora de dar início à prática e trabalhar os comportamentos e bloqueios para que, assim, quando chegarmos no capítulo da técnica, ela incorpore de maneira sutil, pois o que mais acontece com o ser humano é a autossabotagem e isso o impede de se conhecer e trabalhar o que o limita.

**Crença limitante em suas comunicações em público**

A seguir, eis alguns exemplos que podem auxiliá-lo a encontrar o acontecimento que levou à sua crença limitante ou bloqueio.

Professores exercem um papel importantíssimo na vida das crianças, como no exemplo anterior. Porém, existem crianças que passam pela mesma situação e não acontece nenhum bloqueio. Por que isso ocorre?

### CASO 1

A criança está em fase de alfabetização e a professora diz para ela fazer uma leitura na escola. Se ela fizer de forma errada, ela vai ficar após a aula ou vai tirar zero. Como essa criança é cobrada de forma excessiva pelos pais, ela encara como um desafio que jamais poderá errar. Chega o dia em que ela erra, e a professora chama atenção dela. Esse acontecimento fica armazenado em sua memória e, quando ela precisa falar em público, seja em uma leitura ou no teatro, ou na faculdade, após anos do ocorrido, acontece o gatilho mental quando essa pessoa se depara com situações de falar em público. Com isso, começam as reações (frio na barriga, disfluência, esquecimento, entre outros), realizando a fórmula
**PENSAMENTO – MENTE – AÇÃO (PMA).**

Porque somos seres únicos e cada ser humano reage de modo diferente a determinada situação.

Quando o cliente fala assim para mim, já entendo que preciso ir a fundo. Na ocasião, ela morava com a mãe na casa do tio; sua mãe era solteira e totalmente dependente financeiramente desse tio. E o tio ia até o quarto dela e fazia o gesto de silêncio em

### CASO 2

Em uma reunião com o seu líder, a estagiária prepara todo o material da apresentação, fica dias trabalhando no projeto e, no dia da reunião, ela começa a falar, mas já com receio, pois está diante de pessoas importantes. O gestor a para no meio da apresentação e a corrige; nesse momento, ela já se sente mal e não consegue mais apresentar. A partir dessa situação, ela evita e nega todos os convites e oportunidades em que precisa se expor; ela se sente em uma prisão, pois ocorre o gatilho mental nas situações em que precisa falar em público, pois sempre irá relacionar aquele momento ruim que está na memória dela a qualquer situação de comunicação.

## CASO 3

Uma advogada me procurou após quase dez anos de sofrimento por medo de falar em público. Suas sustentações orais eram feitas por outros advogados. Ela me disse assim: "Tire-me desta prisão; eu faço todo o processo e, na hora de defender, passo para outra pessoa".

Fui perguntando para ela, por meio de indagações pontuais, se existia algo no passado dela que remetia à dificuldade de falar em público. Ela então me relatou que foi violentada sexualmente dos dez aos dezoito anos, mas mencionou: "Ah... Acredito que isto não tenha nada a ver com este meu problema".

frente aos lábios enquanto a violentava. Foram oito anos com medo, sem poder falar nada, pois, se falasse, em sua cabeça, aquilo representaria sair da casa e ficar "debaixo da ponte", como dizia o próprio tio. Ele ainda completava: "Ninguém vai acreditar em você". Enquanto isso ocorria, a falta de autoconfiança e o medo foram tomando conta dela. Hoje, ela é dona de uma carreira sólida e fez concurso público – antes não podia fazê-lo, devido à prova oral.

Iguais a esses, existem vários outros casos, cada um com seu grau de bloqueio. Por isso, é necessário criar novas sinapses de novos comportamentos para eliminar tais bloqueios, tomando consciência de algo que lhe aconteceu e que pode ter sido um fator desencadeador. Pode ser um simples movimento de mãos na frente da boca, mandando a criança ficar calada, conforme mostrado no *caso 3*. Se o gesto for significativo para uma criança ou adolescente, como uma imposição, pode se tornar um bloqueio para falar em público ou em situações que envolvam hierarquia.

# Capítulo 4

## Tudo começa pelo cérebro – supercérebro

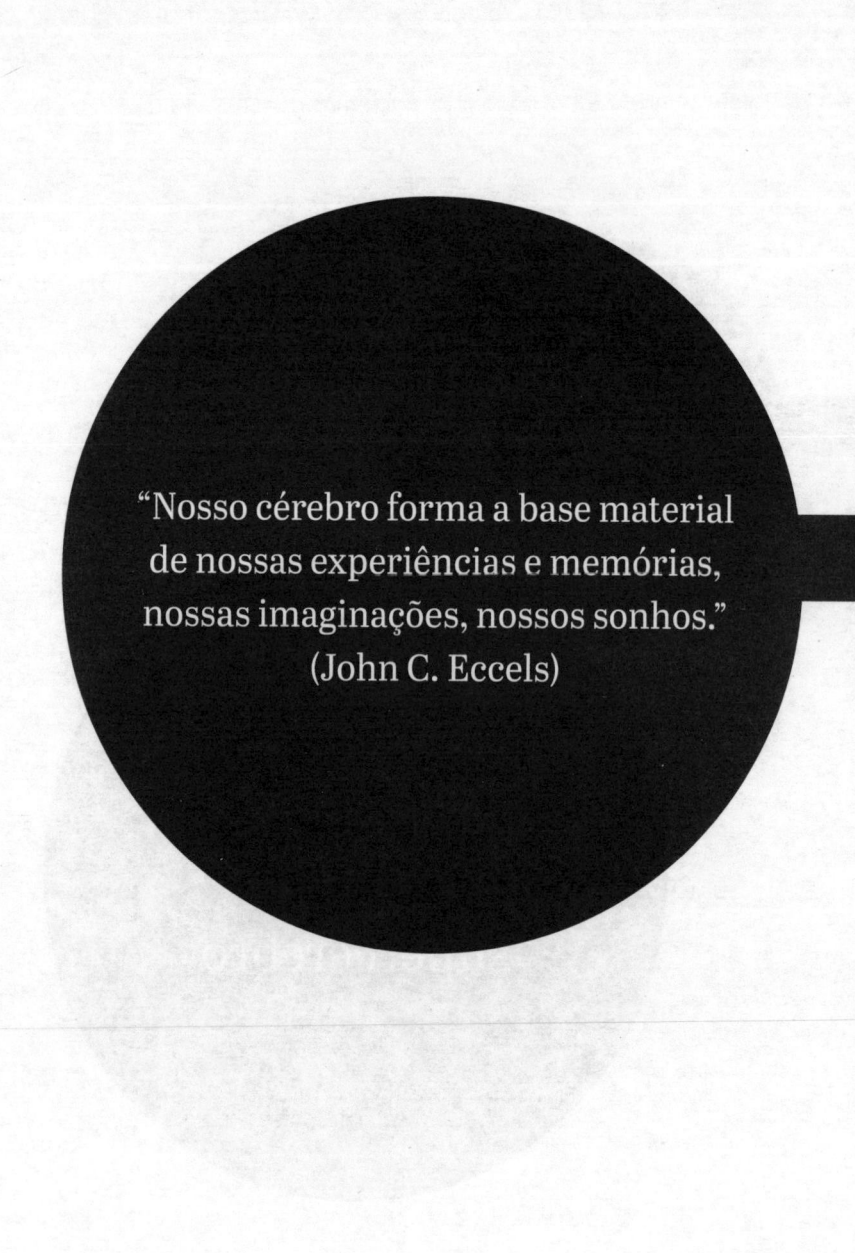

"Nosso cérebro forma a base material de nossas experiências e memórias, nossas imaginações, nossos sonhos."
(John C. Eccels)

Tudo começa pelo cérebro, vamos desvendar o cérebro para programar as novas conexões em sua oratória. Quando você descobrir o que seu cérebro é capaz de fazer, você se surpreenderá com o resultado.

Para isso, precisamos, inicialmente, entender a anatomia do cérebro e do sistema nervoso central, e identificar as áreas importantes no comportamento do comunicador.

Para nos comunicarmos, há um refinamento neurológico que nos permite ser diferentes em relação a outras espécies, e é por isso que a *American Speech and Hearing Association* refere a algo complexo e dinâmico na utilização, realizando pensamentos e a comunicação.

**Funcionamento do sistema nervoso central**

O cérebro humano é composto de 100 bilhões de células nervosas e que formam quadrilhões de conexões chamadas sinapses; estas estão o tempo todo se reorganizando e readaptando-se ao mundo. O cérebro interpreta o mundo como também o cria. Devido a esses fatores, é necessário entender as funções cerebrais, e com isso entender a nossa capacidade de trabalhar as habilidades da oratória e comunicação por meio desta "caixa" com aproximadamente um quilo e meio e dotada de uma capacidade incrível.

Quando falamos em comunicação e comportamento, é imprescindível adentrar a neuroplasticidade cerebral, que é a capacidade do organismo de adaptar-se a mudanças ambientais externas e internas, lideradas pelo sistema nervoso central. Na oratória e comunicação, o indivíduo terá de se adaptar a questões relacionadas ao ambiente e também às suas emoções em um momento de emissão da mensagem, seja em público ou interpessoal. O termo "plasticidade" foi introduzido por Albrecht Bethe, fisiologista alemão.

O sistema nervoso é responsável por nossas percepções, comportamentos e memórias. Ele capacita o organismo a perceber variações do meio interno e externo e realizar as respostas necessárias para trabalhar o equilíbrio interno do corpo, que é chamado de homeostase. O sistema nervoso central (SNC) é dividido em encéfalo e medula espinhal, e o sistema nervoso periférico (SNP) é dividido em somático e visceral.

O encéfalo é o principal centro de controle, constituído por cérebro, cerebelo, tronco encefálico e retinas. Funciona como uma central de comunicação, recebendo informações sensoriais e motoras para diferentes partes do corpo. Os sinais recebidos vão para diferentes partes do encéfalo e estes produzem estímulos para as respostas comportamentais e musculares.

O cérebro apresenta o córtex cerebral e o neocórtex (massa cinzenta). A substância branca é um agregado de processos mielinizados de muitos neurônios, à qual é dado o nome pela cor esbranquiçada da mielina. A substância cinzenta do sistema nervoso central contém corpos celulares neuronais, dendritos e axônios mielínicos, terminais axônios e neuroglia. É acinzentada por apresentar pouca ou nenhuma mielina nestas áreas.

As células nervosas (neurônios) são consideradas fenômenos da natureza por apresentarem capacidade incrível de criar nossa percepção da realidade. Como anteriormente descrito, os neurônios realizam as sinapses. Eles projetam os filamentos chamados axônios ou dendritos, que carregam sinais químicos e elétricos através das sinapses.

Existe uma particularidade do sistema nervoso central (SNC): ele não pode regenerar de forma rápida; porém, com a neuroplasticidade neural, o cérebro pode regenerar e remodelar após dano.

O termo "neuroplasticidade" vem de "neuro": neurônio; enquanto *plastia* se refere à maleabilidade. Antes, porém, os estudiosos referiam que o cérebro era imutável; nos estudos recentes da neurociência, as células nervosas se reconfiguram constantemente devido a experiências e aos aprendizados. Com isso, podemos utilizar esta plasticidade neuronal para potencializar a oratória. Se podemos estimular a neuroplasticidade por meio de experiências e aprendizados, com a oratória não será diferente.

**"Não nasci para falar em público, eu precisaria ter o dom e não tenho."**

É o que mais escuto das pessoas.

Existem inúmeras teorias que indicam que o ser humano utiliza somente 10% do seu cérebro. Muitos defendem o quanto nosso cérebro é estimulável. E ainda fazem uma metáfora dos papéis do cérebro: como um líder, transmitir ordens diárias ao cérebro; como o inventor que cria caminhos e conexões diversas que não existiam; como o professor que ensina ao cérebro a aprender novas habilidades; e como usuário, ser responsável por mantê-lo em boas condições de funcionamento.

Nesses quatro papéis, por meio de metáforas, eles classificam o cérebro como básico e supercérebro. O básico é o cérebro do cotidiano, e o supercérebro é o criador consciente, que usa o seu potencial o tempo todo.

Seguindo o raciocínio de Chopra e Tanzi, a oratória pode ser estimulada utilizando o supercérebro, pois o cérebro é altamente adaptável.

### Características do supercérebro

1. Vê cada dia como um novo mundo.
2. Importa-se em se desenvolver.
3. Cria novas possibilidades.
4. Apresenta hábitos inadequados, abandona ou cria novos hábitos.
5. Gosta de improvisar.
6. Evolução durante toda a vida.
7. Adaptação às mudanças.
8. As habilidades são aprendidas e aprofundadas.
9. Desafiador.
10. Reinventa.
11. Abandona facilmente as crenças.
12. Apresenta expertise sobre algum assunto.
13. Sente-se inspirado.
14. Controlado.
15. Evita ou sabe lidar com situações de estresse.
16. Fica atento aos possíveis erros e cria novas formas de lidar com os mesmos.
17. É receptivo.

## Supercérebro x oratória

1. Para se falar em público é necessário ver o mundo como um novo mundo, pois a cada experiência e consequência há um novo aprendizado.
2. Na oratória é se desenvolver constantemente, não existe uma fórmula mágica.
3. Criar novas possibilidades na oratória é sinal de abrir as conexões para criar.
4. Criar hábitos e formas para cada dia acontecer a oratória, de forma a funcionar, desenvolvendo hábitos vantajosos a uma prática da oratória.
5. O improviso na oratória irá acontecer, seja em questão ao conteúdo, aos equipamentos, entre outras questões.
6. Para se comunicar, a evolução se torna necessária.
7. Adaptação a mudanças; na oratória podem ocorrer imprevistos e situações constrangedoras.
8. As habilidades são aprendidas e aprofundadas, e a oratória é imprescindível para apresentar resultados profissionais.
9. Desafios existirão o tempo todo na oratória, desde um olhar de julgamento ou de avaliação, até uma plateia hostil; tudo dependerá da forma como você vai encarar essa situação, desafiando.
10. Reinventa, pois toda apresentação é única, sempre haverá algo para reinventar.
11. Abandona facilmente as crenças; oratória é um dom e eu não nasci com esse dom – essa é uma crença que muitas pessoas mencionam o tempo todo para justificar suas dificuldades. A oratória é uma habilidade e, sim, pode ser aprendida e treinada.

12. *Apresenta* expertise *sobre algum assunto; para falar de um assunto é necessário gostar de estudar o mesmo, e não se aventurar em falar de todos os assuntos que aparecem para você.*
13. *Inspira e não apenas passa a informação ao seu público.*
14. *Controla as emoções durante as apresentações.*
15. *Evita ou sabe lidar com situações de estresse, diante de um desafio ou situação que pode gerar conflito em apresentações ou comunicações.*
16. *Monitorar os erros e acertos será importante para o desenvolvimento de novas perspectivas, e na oratória isso não é diferente.*
17. *É receptivo ao perfil do público, à opinião das pessoas e ao feedback que poderá acontecer. Quando se está à frente, você se torna uma pessoa-alvo e precisa aceitar quando receber críticas.*

## O papel do cérebro na emoção – o caminho para a oratória

"As emoções são baseadas em alterações fisiológicas." Essa definição foi criada em 1884 por James Lange, teórico. O sistema sensorial envia informações para o cérebro sobre o que está acontecendo no dado momento, e o mesmo envia sinais para o organismo, que responde, constituindo a emoção.

Pode-se afirmar que a emoção acontece pelas consequências neurais da experiência emocional. Diferentes circuitos neurais estão envolvidos com diferentes emoções.

Na oratória, isso acontece a todo momento, principalmente nas reações primitivas como o medo.

# Capítulo 5

# Libertando-se por meio do método Coaching Communication®

"Eu acredito que o Coaching Communication® irá potencializar sua liberdade comunicativa, para que você alcance voos incríveis!"
(Dra. Cristiane Romano)

## Pressupostos importantes da metodologia

1) Evitar o autojulgamento, o mesmo pode ser demonstrado pelo corpo, por isso, devido a essa questão, é importante neutralizar os pensamentos negativos no momento da comunicação, conforme figura já citada.

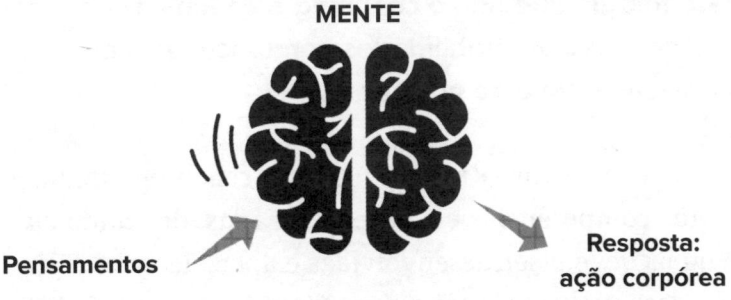

**MENTE**

**Pensamentos** → 🧠 → **Resposta: ação corpórea**

2) O estado de espírito e a energia ao se comunicar realizam um papel primordial para inspirar e se comunicar com pessoas, seja em público, seja individualmente.

3) É necessário realizar o estado de presença, e este pode ser obtido por meio do poder do agora. Como resultado, apresentar o *flow* (fluir, fluxo). O conceito de *flow* foi introduzido pela psicologia positiva do Dr. Mihalyi Csikzentmihalyi. Ele menciona tratar-se do estado em que a

pessoa está absorvida e tem um sentimento agradável. *Flow* na comunicação e na oratória é a fluidez em que a pessoa está totalmente no momento, de forma tranquila e agradável.

4) Permissão, aceitar convites: na comunicação e na oratória, deverá apresentar-se a permissão para conseguir chegar aos seus objetivos; sem ela, nada acontece, já que a exposição vai ocorrer de alguma forma.

5) A oratória é uma habilidade, sendo assim, acredite que você poderá potencializá-la.

**Metodologia que une o coaching e a técnica para desenvolver habilidades comunicativas, de expressividade e de oratória**

De acordo com Krausz (2007)[1], o coaching auxilia a ajustar competências e a potencializá-las, deixando claro quais devem ser desenvolvidas e aperfeiçoadas. Também desenvolve pessoas e as prepara para as constantes transformações do ambiente coorporativo. O coaching consiste em um processo de desenvolvimento pessoal e profissional, com foco no presente e no futuro, para haver o planejamento das ações propostas, que auxilia o indivíduo a atingir seus objetivos por meio da identificação, do entendimento e do aprimoramento de suas competências. O coach é o profissional responsável por

---

1   KRAUSZ, Rosa R. *Coaching* executivo: a conquista da liderança. São Paulo: Nobel, 2007.

conduzir o processo, auxiliar o cliente (*coachee*) a atingir o máximo do seu potencial, incentivando-o na busca dos resultados e ensinando-o a aprender com seus próprios recursos e limites.

A metodologia é fundamentada em quatro trilhos que os levarão à oratória com liberdade. São eles:

**TRILHO 1 - RECONHECER - 1 - *autoconhecimento*, 2 - *consciência técnica - comportamental***

**TRILHO 2 - RESSIGNIFICAR - *dar um novo significado***

**TRILHO 3 - RECONSTRUÇÃO - *colocando tudo em prática***

**TRILHO 4 - REGAR - *constância***

## Capítulo 6

Mapeamentos – iniciando a jornada do *reconhecimento* da sua oratória

TRILHO 1: RECONHECER

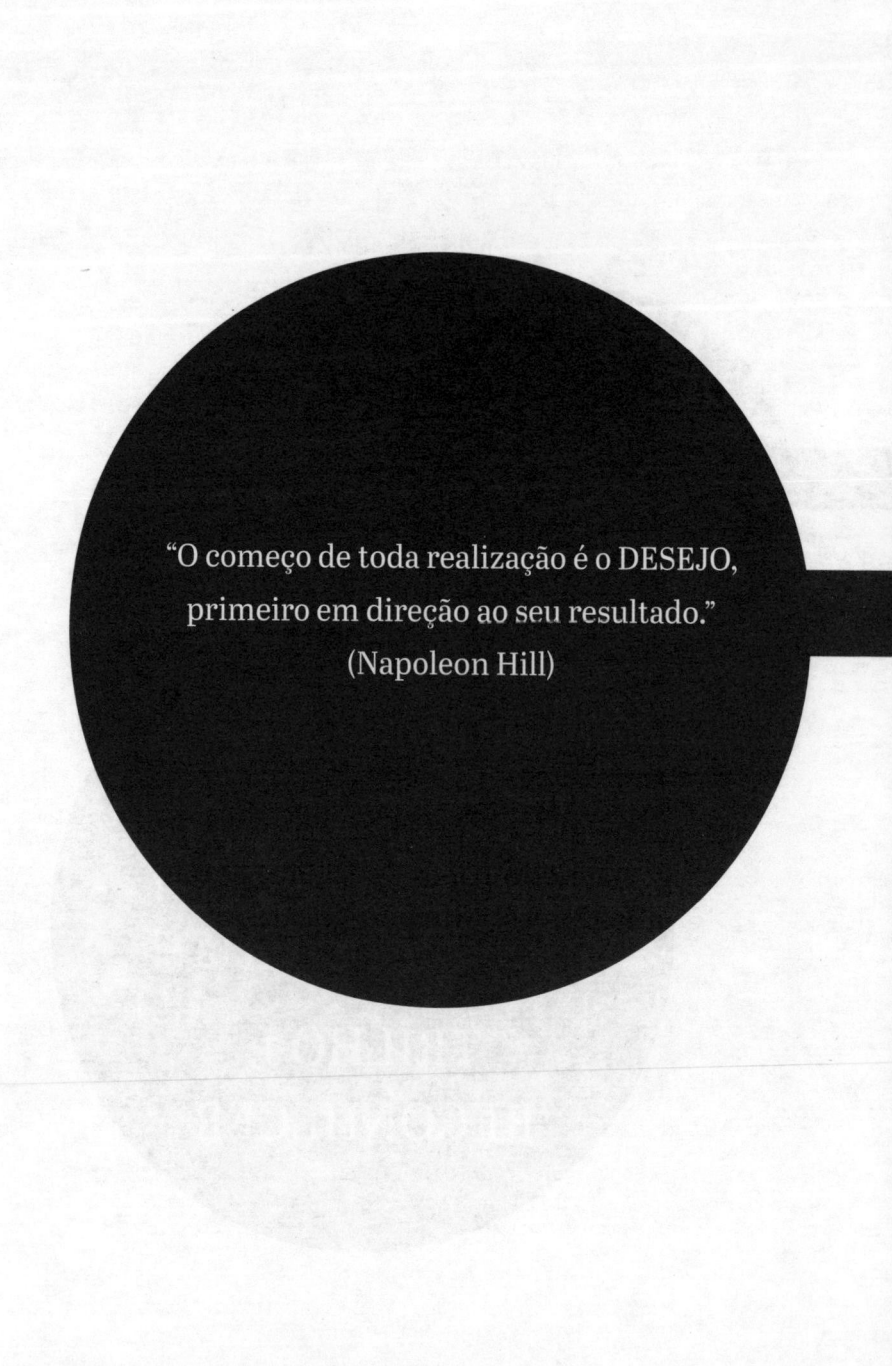

"O começo de toda realização é o DESEJO, primeiro em direção ao seu resultado."
(Napoleon Hill)

O primeiro passo da metodologia é entender o que está acontecendo, definindo seu resultado rumo à oratória com liberdade – mapear sua oratória com liberdade e promover uma reflexão sobre si mesmo, que o leve ao autoconhecimento técnico-comportamental, que chamo de RECONHECIMENTO.

*Qual seu destino?*
*Você está em* _____
*Quer chegar a* _____

Quais suas motivações para falar em público?

Se chegou até este ponto da leitura, provavelmente você tem um propósito muito grande em relação à oratória.

*Qual o seu desejo?* _____
*Qual é sua meta?* _____

Quanto você está disposto a se entregar a esse desafio rumo à oratória com liberdade? Para isso, firmaremos um compromisso:

Eu, _____,
estarei ___% (0 a 100) presente na leitura e realizarei todas as atividades propostas.

**Reconhecimento comportamental**

Autoavaliação é um processo de avaliação de si mesmo e análise dos comportamentos, iniciando o autoconhecimento com o objetivo de melhoria e mudanças de estratégia, nesse caso, na oratória e na comunicação.

Segundo Skinner (1993), autoconhecimento é apresentar consciência dos próprios comportamentos, como também autodiscriminação de comportamentos e estímulos a eles relacionados.

Para se autoconhecer, é necessário desaprender e desconstruir. Estamos acostumados a ser da mesma forma e seguir padrões, e nossos comportamentos são automatizados.

Quando seus comportamentos se tornarem conscientes com a possibilidade de autocontrole, o sentimento será de liberdade, ou seja, ser livre.

Ser livre é estar longe de empecilhos que o impeçam de exercer a liberdade na oratória (BRANDENBURG e WEBER, 2005, p. 90-91). O ser humano compreenderá o que é necessário mudar, e realizará a mudança; com isso se sentirá livre para aceitar convites e se comunicar sem empecilhos, desenvolvendo a liberdade para controlar seus comportamentos e trabalhar estratégias para fortalecê-los ou evitá-los, caso não sejam adequados.

O mapeamento será quantitativo e qualitativo; você avaliará seu nível de comunicação e também irá descrevê-lo.

É muito importante ser sincero; neste momento, é você com você.

*Mapeamento 1*

Como você avalia sua oratória?

_____
_____

Você tem oratória com liberdade, segundo o conceito? Como você se percebe em sua oratória?

_____
_____

Como as outras pessoas o avaliam na oratória? Caso não saiba responder, pergunte a pessoas próximas no trabalho e/ou na família.

_____
_____

Liste as expectativas ao apresentar a oratória com liberdade.

_____
_____

*Mapeamento 2 – Teste de oratória com liberdade*

Escreva nas lacunas as notas de 1 a 10, sendo 1 para caso você não tenha ou não esteja satisfeito, e 10, se você apresenta e está satisfeito com relação à sua liberdade comunicativa.

Abaixo, os itens:

1. Sente-se confortável em públicos acima de 20 pessoas? (se você se sente confortável, marcará um escore maior)
1 – 2 – 3 – 4 – 5 – 6 – 7 – 8 – 9 – 10

2. Não apresenta frio na barriga? (se você não sente frio na barriga, seu escore será maior)
1 – 2 – 3 – 4 – 5 – 6 – 7 – 8 – 9 – 10

3. Não apresenta suor excessivo? (se você não tem suor excessivo, seu escore será maior)
1 – 2 – 3 – 4 – 5 – 6 – 7 – 8 – 9 – 10

4. Não apresenta rubor e queimação no rosto? (se você não apresenta rubor ou queimação, seu escore será maior)
1 – 2 – 3 – 4 – 5 – 6 – 7 – 8 – 9 – 10

5. Expressa as ideias em público com paz interior, sem ficar preocupado com o que irá falar? Sem pensamentos ruidosos ("Será que passarei a mensagem?"; "E se eu esquecer?") no momento de suas apresentações?
1 – 2 – 3 – 4 – 5 – 6 – 7 – 8 – 9 – 10

6. Vende suas ideias, produtos ou serviços em público com credibilidade, gerando confiança ao seu ouvinte?
1- 2 - 3 - 4 - 5 - 6 - 7 - 8 - 9 - 10

7. Você se importa com o julgamento da plateia?
1 - 2 - 3 - 4 - 5 - 6 - 7 - 8 - 9 - 10

8. Percebe-se inspirando as pessoas à sua volta, seja seu colaborador, seu filho ou seus clientes, dentre outros, principalmente em público?
1 - 2 - 3 - 4 - 5 - 6 - 7 - 8 - 9 - 10

9. Você é compreendido em sua essência em público?
1 - 2 - 3 - 4 - 5 - 6 - 7 - 8 - 9 - 10

10. Você está satisfeito com os *feedbacks* que recebe após suas apresentações em público?
1 - 2 - 3 - 4 - 5 - 6 - 7 - 8 - 9 - 10

11. Realiza a experiência do *flow* (sente fluir, sintonia agradável) realizando o poder do agora e harmonizando com a plateia e consigo mesmo?
1 - 2 - 3 - 4 - 5 - 6 - 7 - 8 - 9 - 10

12. Sente-se confortável ao enfrentar situações das quais é necessário improvisar ao falar?
1 - 2 - 3 - 4 - 5 - 6 - 7 - 8 - 9 - 10

13. Não se julga nos momentos em suas apresentações em público? (se você não se julga, seu escore será maior)
1 - 2 - 3 - 4 - 5 - 6 - 7 - 8 - 9 - 10

14. Você lidera situações constrangedoras, gerindo suas emoções? Exemplo: algum equipamento falha, ou quando esquece algo, enfim, situações em que você considera um desafio, por exemplo quando alguém faz uma objeção sobre a mensagem que você está transmitindo?
1 - 2 - 3 - 4 - 5 - 6 - 7 - 8 - 9 - 10

15. Você lidera situações em apresentações em que alguma pessoa lhe desafia ou lhe cria objeções em alguma mensagem que você está transmitindo?
1 - 2 - 3 - 4 - 5 - 6 - 7 - 8 - 9 - 10

16. Você lidera a técnica da expressividade, sabendo exatamente o que deve ser feito com os recursos verbais (conteúdo), recursos vocais (voz e fala) e recursos não verbais?
1 - 2 - 3 - 4 - 5 - 6 - 7 - 8 - 9 - 10

Questão - Resposta
1 -
2 -
3 -
4 -
5 -
6 -
7 -
8 -
9 -
10 -
11 -

12 -
13 -
14 -
15 -
16 -
Soma dos resultados = ____ =

Fórmula = Soma dos resultados dividido por 160 =
S____ x 100 ____% de Oratória com liberdade.
160

*Resultado*

**0 – 25%** = Dificuldades em enfrentar situações de apresentações em público, nega convites, não apresenta paz interior, apresenta rubor, frio na barriga intenso, entre outros sintomas desagradáveis e sente-se que sua expressividade nunca está adequada à situação, apresentando atitude mental negativa. Importante desenvolver e dar atenção ao comportamento e técnica de forma intensiva.

**25 – 50%** = Aceita convites, enfrenta situações ao se apresentar em público, porém ainda apresenta sintomas de incômodo, julga-se o tempo (será que as pessoas estão gostando?; será que estou conseguindo passar a mensagem?); devido a esses pensamentos, atrapalha a inspirar a plateia.

**50 – 75%** = Apresenta paz interior, ocorrem alguns julgamentos com relação à sua apresentação, mas consegue emitir a mensagem do início ao fim; pode desenvolver sua expressividade e potencializar seus comportamentos com relação à competência comunicativa.

75 – 100% = É dotado de Oratória com liberdade, entra em sintonia com a plateia realizando o *flow*, inspirando as pessoas, consegue liderar momentos de objeções, bem como desafios encontrados nos momentos de falar em público. Pode potencializar ainda mais o comportamento como também a técnica.

*Mapeamento 3 – Avaliação do comportamento e das competências na oratória*

Atribua notas de 1 a 10 (sendo 1 – nunca apresenta e 10 – sempre apresenta) aos itens a seguir. Lembre-se de justificar sua resposta ao menos com uma frase. Você apresenta:

1. Segurança nas apresentações em público:
1 – 2 – 3 – 4 – 5 – 6 – 7 – 8 – 9 – 10

------------------------------------------------

2. Iniciativa em iniciar discursos e/ou apresentações:
1 – 2 – 3 – 4 – 5 – 6 – 7 – 8 – 9 – 10

------------------------------------------------

3. Planejamento das apresentações:
1 – 2 – 3 – 4 – 5 – 6 – 7 – 8 – 9 – 10

------------------------------------------------

4. Organização: segue o que foi planejado, ou seja, faz o processo e sistematização:
1 – 2 – 3 – 4 – 5 – 6 – 7 – 8 – 9 – 10

------------------------------------------------

5. Foco, realiza o poder do agora nas apresentações:
1 – 2 – 3 – 4 – 5 – 6 – 7 – 8 – 9 – 10

_____

6. Objetividade:
1 – 2 – 3 – 4 – 5 – 6 – 7 – 8 – 9 – 10

_____

7. Clareza:
1 – 2 – 3 – 4 – 5 – 6 – 7 – 8 – 9 – 10

_____

8. Sente que passa credibilidade:
1 – 2 – 3 – 4 – 5 – 6 – 7 – 8 – 9 – 10

_____

9. Ansiedade antes das apresentações:
1 – 2 – 3 – 4 – 5 – 6 – 7 – 8 – 9 – 10

_____

*Mapeamento 4 – Sinestesias e sintomas ao falar em público*

Descreva seus pensamentos, sentimentos e suas sensações ao falar em público:

_____

*Mapeamento 5 – Avaliação técnica*
*Comunicação, expressividade e oratória*

Sugiro que você grave um vídeo e assista, ou peça a alguém de sua confiança que o ajude a se avaliar.

1. Quando fala, sente que falta ar e a frase fica entrecortada?

---

2. Como percebe sua voz?
a. Qualidade vocal: ( ) nasalada ( ) hiponasalada ( ) rouca ( ) normal
b. Você gosta da sua voz? ( ) sim ( ) não
c. Intensidade: ( ) adequada ( ) mais para forte ( ) mais para fraca
d. Tonalidade: ( ) adequada ( ) mais para grave ( ) mais para aguda

3. Velocidade: ( ) adequada ( ) rápida ( ) lenta – falta dinamismo

4. Pausa: ( ) adequada ( ) inadequada

5. Uso do: "é", "i", "ãh" ou pausas longas: demonstra insegurança?
( ) sim ( ) não

6. Como você percebe seu ritmo ao falar?
( ) adequado (existe uma harmonia da fala com gestos)
( ) cadenciado (ritmo lento e que faz pausas a todo momento)
( ) alongado (ritmo cansativo e que alonga as vocais)

( ) precipitado (ritmo rápido e geralmente acompanha os gestos)

7. Articulação:
( ) adequada ( ) alterada (pronuncia as palavras de forma restrita e não há um entendimento efetivo ao dizer as palavras)

8. Energia de emissão:
( ) apresenta ( ) não apresenta

9. Expressividade:
( ) satisfatória (utiliza voz – corpo – conteúdo de forma harmônica)
( ) não satisfatória (não utiliza voz – corpo – conteúdo de forma harmônica)

10. Entonação:
( ) adequada (entona de forma correta e percebe-se um dinamismo na fala)
( ) inadequada (não entona e percebe-se uma fala monótona)

11. Pratica ênfase:
( ) adequada – enfatiza as palavras importantes e de valor, que condizem com os gestos realizados
( ) inadequada – não enfatiza as palavras importantes e de valor, apresenta frases monótonas

12. Gestos:
( ) adequados (harmonia dos gestos –, interpreta os gestos de acordo com o contexto)
( ) inadequados (desarmonia dos gestos com a fala, não há interpretação dos gestos e utiliza gestos sem significados)

13. Vícios de linguagem:
( ) apresenta ( ) não apresenta

Quais vícios de linguagem?
_____
_____

Comportamentos adequados na apresentação:
_____
_____

Comportamentos evidenciados ao longo da apresentação que foram inadequados:
_____
_____

Conscientização

Quando você se torna consciente de seus atos e comportamentos, sua visão sobre eles se torna diferenciada. Tomar consciência dos comportamentos tem uma conceituação abrangente.

Inicialmente, é importante definir o que é o comportamento: designa-se um conjunto de funções que promovem a interação do organismo com o ambiente (SKINNER, 1984)[1]. Envolve agir, pensar e sentir. Enquanto ando pela sala durante as apresentações, estou me comportando; enquanto penso no que vou dizer em seguida, estou me comportando; enquanto sinto a ansiedade característica de me expor ao público, também estou me comportando.

A conscientização é a ação de tomar ciência de um comportamento inadequado, neste caso, do comportamento em si, que necessita ser desenvolvido, e observar atitudes relacionadas à oratória que deverão ser mudadas; por isso, é importante criar regras para seguir estes estímulos. O objetivo da regra, em geral, seguindo as instruções adiante, é criar estímulos discriminativos e tornar automática a técnica.

Primeiramente é importante você entender por que quer falar em público, ou seja, sua motivação: Quais as frases que mais permeiam sua mente na hora de suas apresentações ou até mesmo antes? Você já negou convites para se apresentar em público? Se sim, quais foram os pensamentos?

---

1 SKINNER, Burrhus Frederic. Selection by consequences. *The Behavioral and Brain Sciences*, v. 7, n. 4, p. 477-510, 1984.

Você aceitou convites para se apresentar em público, mas mesmo assim ficou com pensamentos malignos ou ruins referentes às apresentações?

Exercício de conscientização:

1- Defina pelo menos três desafios que você já enfrentou ao falar em público.
Desafio 1:_____
Desafio 2:_____
Desafio 3:_____

2- Qual (is) acontecimentos você apresentou no seu passado, que pode ter lhe deixado essa dificuldade e até mesmo esse bloqueio ao falar em público?
_____
_____

3- Qual rótulo você se coloca?
Exemplo: "eu não consigo falar em público".
_____
_____

4- Quais consequências acontecem em sua vida pessoal e profissional devido a esses comportamentos negativos?
_____
_____

"Seguir regras é ser consciente, no sentido de que quem se comporta 'sabe o que está fazendo'."
(L. M. Machado)

# Capítulo 7

## Crença limitante em sua oratória

## TRILHO 2: RESSIGNIFICAR

"Posso aprender com meu passado, posso planejar meu futuro e posso viver as possibilidades do presente, estando presente em cada momento."
(Eckhart Tolle)

Eu ponho o significado que eu quiser para ser feliz... Esta escolha está em minhas mãos.

A ressignificação consiste em desenvolver um novo significado para o acontecimento reconhecido anteriormente, e com ele mudar os comportamentos e as atitudes.

Selecione o(s) comportamento(s) que deverá(ão) ser potencializado(s) para você falar em público. Reflita sobre o(s) comportamento(s) no(s) qual(is) você focará mais energia, pois isso influenciará em seu resultado final.

O que você deverá fazer para que esse(s) comportamento(s) atue(m) a seu favor e não contra você?

Defina uma frase-âncora ou nocaute (uma frase de impacto que faça sentido para você, ao contrário do seu rótulo – crença limitante – definido anteriormente).

Ela servirá como lembrete e lhe dará o empoderamento necessário nas apresentações e/ou nos momentos em que necessitar se comunicar. O ideal é que ela esteja relacionada ao seu próprio corpo (físico). Sugestão: essa frase deverá ficar em algum lugar visível (tela do computador, lembrete de geladeira, celular etc.).

Regras: ser curta e positiva. Por exemplo: "Eu me comunico com segurança e assertivamente".

Visualize e deslumbre situações e oportunidades de comunicação. Imagine um quadro de parede, e nele você vai projetar esta imagem de você se apresentando, as pessoas aplaudindo (essa cena deverá fazer sentido para você, ou seja, deverá ser no seu contexto ou algo que você deseje muito relacionado à oratória); nesse quadro, faça este exercício durante 30 dias. Sinta, escute e veja toda a cena.

Fórmula do sucesso ou *peak performance* para você apresentar liberdade comunicativa:

*Qual(is) sua(s) motivação(ões) para falar em público?*

*O que você fez no momento em que apresentou sucesso ao falar em público, que você não está fazendo hoje em dia?*

Por exemplo: "Antes de atuar, eu me planejava escrevendo os itens; hoje estou sem tempo e não faço mais questão disso".

Se o comportamento trabalhado for insegurança, existiu um momento da sua vida em que apresentou segurança em sua comunicação? Como foi?

**Descreva as ações que foram feitas:**
1._____
2._____
3._____
4._____

Fórmula do sucesso ou *peak performance* para a construção da comunicação e oratória:

*O que você fez que deu certo e que hoje você não faz, para que sua oratória fique da forma como deseja?*

Por exemplo: "Eu era mais disciplinado e antes das atuações eu lia o roteiro, fazia exercício de respiração" etc.

_____
_____
_____
_____

## Fechamento

As mudanças de atitudes que devem ser realizadas imediatamente:

*Comportamento inadequado*_____.
*Comportamento necessário*_____.

*Comportamento inadequado*_____.
*Comportamento necessário*_____.

*Comportamento inadequado*_____.
*Comportamento necessário*_____.

*Comportamento inadequado*_____.
*Comportamento necessário*_____.

# Capítulo 8

## Atitude e novos comportamentos na oratória

## TRILHO 3: RECONSTRUÇÃO

"Você poderá obter o resultado que deseja, a partir do momento em que apresentar atitude para buscar o conhecimento e treinar suas habilidades."
(Dra. Cristiane Romano)

Agora que você realizou uma viagem ao seu "eu", reconhecendo, entendendo e conscientizando-se de todos os seus comportamentos, é o momento de reconstruir sua história rumo à oratória com liberdade.

Agora você está preparado para trabalhar a técnica, pois foi dado um passo importante com relação aos seus comportamentos na oratória.

A solução em apresentar uma oratória que alie a técnica ao comportamento é algo respeitável, já que o orador não é apenas uma pessoa que apresenta corpo, e sim nuances emocionais e comportamentais.

Durante esses anos de experiência, percebi o quanto a expressividade, em sua totalidade, faz toda diferença em uma apresentação, seja em público, seja interpessoal.

**Expressividade na oratória:**
**Recurso verbal | Recurso vocal | Recurso não verbal**

Expressividade é energia, é sincronicidade; quando você une os recursos de voz, conteúdo e corpo, seus movimentos comunicacionais ganham sentido!

## Termos utilizados no meio científico sobre a expressividade

O termo "expressividade" é utilizado por estudiosos deste tema de variadas formas, tais como: "expressividade oral" (MOREIRA-FERREIRA, 2007; VIOLA, 2006; VIOLA et al., 2011); "expressividade" (KYRILLOS, 2004, 2005; FERREIRA, 2005; GHIRARDI, 2004); "expressividade da fala" (MOREIRA-FERREIRA, 2007; SANTOS, 2010); também é encontrado nas expressões "expressividade da comunicação oral e corporal", "expressividade emocional" (KENNEDY-MOORE; WATSON, 1999; BAGBY; PARKER; TAYLOR, 1994; GROSS; JOHN, 1995, 1997; SPENCE, 1991); "expressividade da comunicação oral" (MARTINS; FORTES, 2008)[1], entre outras.

Expressividade é a qualidade do que é expressivo e pertence ao processo de comunicação, e dele é inseparável. Voz e corpo são considerados agentes expressivos (KYRILLOS, 2005).

Após experiências com mais de 10 mil pessoas treinadas, cheguei à conclusão de que, para se ter expressividade, é necessário ter todos os recursos de maneira harmônica (verbais, vocais e não verbais) e também os recursos internos, conforme trabalhado nos trilhos anteriores.

Trabalhar habilidades do orador significa realizar um trabalho voltado para expressividade e à sua qualidade na comunicação, uma vez que ele deverá usar os recursos comunicativos adequados para melhorar seu desempenho e expressar-se com credibilidade, e estes

---

[1] Consultar referências bibliográficas no fim deste livro. (N.E.)

aspectos são relevantes ao processo de interesse e aprendizado dos ouvintes.

## Passo a passo para chegar à tão sonhada expressividade

*Recursos verbais: referem-se às palavras e ao texto*

A palavra tem inspiração, e a partir dela há o equilíbrio de suas energias, pois cria e concretiza os pensamentos na comunicação. Por isso, a importância de pensar muitas vezes antes de emitir suas palavras.

Os recursos verbais estão relacionados ao conteúdo, a *o que* falar, e não a *como* falar.

Nunca aceite um convite para falar em público se você não tem *expertise* no assunto; mais ainda, é necessário gostar do assunto para a transmissão da mensagem. Esse conhecimento está relacionado à missão profissional; quando se fala de algo de que se gosta, os olhos brilham e a vontade de estudar sobre o assunto será bem mais gratificante, e não desestimulante; por isso, o conhecimento do que você irá emitir é imprescindível antes de qualquer apresentação.

É importante estar atento ao vocabulário, ser objetivo e claro. Entende-se *vocabulário* como o conjunto de palavras e expressões conhecidas e/ou empregadas por uma pessoa, ou seja, o elemento que traduz as ideias.

Deve-se destacar que o conjunto de palavras do apresentador deve ser flexível e rico, assim como capaz de atender ao seu público-alvo.

A melhor forma de melhorar o vocabulário é ter o hábito da leitura.

* *o que falar e o que não falar;*
* *auxiliares linguísticos;*
* *conectando ideias;*
* *vícios de linguagem;*
* *persuasão x convencimento.*

Auxiliares linguísticos: – o que falar e o que não falar

Você pode falar o que quiser, desde que sustente e apresente embasamento com referências de autores.

É importante ficar atento às palavras emitidas durante suas apresentações, que são os auxiliares linguísticos:

Palavras favoráveis: **solução, facilidade, certeza, seguramente, tranquilamente, confiança, certamente.**
Palavras desfavoráveis: **talvez, pode ser, duvidoso, quem sabe, confuso, impreciso, eu acho.**
Palavras proibidas: **fracasso, problema, obstáculo, barreira, empecilho, limitação, impedimento, bloqueio, não, mas, se, tentar, é difícil, vou conseguir.**

Vejamos alguns exemplos:
**Se** der, eu vou – **Quando** der, eu vou.

Você realizou o trabalho todo certo, **mas** chegou atrasado ontem – Você realizou o trabalho certo, **e** ontem chegou atrasado.

Eu **vou tentar** – Eu **farei**.

É **difícil** – É **desafiador**.
Vou **conseguir** – Estou **em processo de...** Estou **conseguindo**.

*Conectando ideias*

Essa é uma das habilidades mais valorizadas em oradores de sucesso: o recurso verbal. Sendo eficiente e sucinto enquanto você compartilha suas ideias, todo o seu discurso será bem-aceito pelo público, de modo que cada ouvinte assimile efetivamente suas informações.

**EXEMPLO 1**

Se eu lhe perguntasse: O que pensa de um orador de sucesso?
Modo inadequado de responder (ser prolixo):
*...um dia fui falar em público e aconteceu uma situação que me fez sentir mal, e um amigo disse... por isso percebi que o orador de sucesso, é uma pessoa...* Discurso com muita justificativa.

Modo adequado de responder (ser objetivo e se ater a responder à pergunta):
*O orador de sucesso é uma pessoa que passa as informações de forma clara e utiliza os recursos verbais, vocais e não verbais.*

Atenha-se a responder ao que lhe foi solicitado, para não dar a impressão de que está perdido em meio às suas ideias e acabar não transmitindo com clareza.

*Observação*: hoje em dia não se pode mais ser prolixo; um discurso longo cansa o ouvinte.

> **EXEMPLO 2**
>
> Você foi convidado para falar sobre gestão da emoção. Foque o objetivo da palestra, e não os pormenores.
> Caso você não saiba para onde deseja direcionar suas ideias, toda a apresentação correrá o risco de ficar sem rumo, entediante, confusa e desagradável. E, com certeza, você não deseja isso!
> Repita as informações importantes sem repetir o conteúdo.

Sua fala precisa fazer sentido, e uma das características das pessoas que falam em público é gostar daquilo que falam. Ao discursar sobre um assunto pelo qual você é apaixonado, sua fala automaticamente transmitirá sinceridade e emoção, e esses fatores ajudarão você a encantar o público e realizar a conexão de ideias.

Um orador que consegue conectar com seu discurso é o mesmo que cativa a plateia da maneira certa.

É necessário se aprofundar no assunto para encontrar sua paixão por ele, e todo o esforço será compensado por meio de uma apresentação memorável.

*Vícios de linguagem*

O uso dos vícios de linguagem pode desviar a atenção da mensagem e comprometer seu entendimento; pode ainda passar ao ouvinte a imagem de alguém sem convicção, de personalidade frágil.

Como solucionar sua característica do uso do "né", como também deixar de utilizar em excesso os "ããã", "tá", "ok", "percebe", "entendeu", "certo", entre outros? O primeiro passo para eliminar esses vícios é ter consciência do uso deles. Como ter essa consciência? Para ter consciência de que algo se tornou um vício, você precisa filmar suas apresentações, bem como gravar ou pedir a uma pessoa para anotar estes vícios que podem ocorrer.

Outro facilitador é não perguntar quando deseja afirmar.

Exemplo 1: "Pessoal, hoje iremos falar sobre a oratória; ela é um fator importante para sua vida profissional, né?".
Fale: "Pessoal, hoje iremos falar sobre a oratória; ela é um fator importante para sua vida profissional".
Exemplo 2: "Estou sendo claro, né?"
Fale: "Eu me fiz entender?"

Sempre se expresse como se estivesse convicto da sua mensagem, afirmando, e não perguntando. Se perceber que o tom e a inflexão da voz no fim das frases são de quem faz uma pergunta, mude a maneira de falar e conclua a informação.

### Para combater os vícios

Grave sua voz ou realize uma filmagem. Importante deixar um longo tempo para, aos poucos, não perceber a filmadora e sua fala se tornar natural para acontecerem os vícios.
*Grave uma conversa espontânea durante 30 minutos. Grave uma apresentação em público durante uma hora.*

Questione: quais e quantos vícios de linguagem atrapalharam a mensagem?
É necessário iniciar um processo de condicionamento e retirar os vícios.
Como pode ser feito?
Após se conhecer e saber quais vícios você tem e em quais momentos eles acontecem, faça novamente o exercício da gravação e filmagem, e observe que, a cada gravação ou filmagem, existirá uma evolução.

### Persuasão x convencimento

Antes de escrever sobre persuasão, é necessário entender sobre a escuta, elemento essencial para exercer a persuasão.

## Saber escutar

Escutar é uma atividade complexa e exigente, tão importante quanto a fala no processo de comunicação.

A escuta é um processo que consiste em cinco elementos:

**Ouvir:** *é a dimensão fisiológica da escuta, ou seja, ocorre quando as ondas sonoras atingem o ouvido. É influenciada pela perda auditiva e ruído do ambiente.*

**Acompanhar:** *é o processo de filtrar algumas mensagens em detrimento de outras. O ouvinte vai acompanhar as mensagens que, de alguma forma, destacam-se do ruído do ambiente.*

**Compreender:** *é o processo de encontrar um sentido para determinada mensagem.*

**Reagir:** *é fornecer o* feedback *para o orador.*

**Lembrar:** *é a capacidade de recordar informações.*

As palavras "persuasão" e "convencimento" são sinônimas, porém, apresentam diferenças significativas.

Quando uma argumentação não pretende persuadir, visa a convencer; ao passo que o argumentante, insatisfeito com os efeitos produzidos pela argumentação que convence, procura – também – persuadir.

Pensando no resultado final, a persuasão é muito mais que convencer, pois leva o indivíduo à ação, enquanto o convencimento não leva à ação. Pode-se afirmar que convencimento está relacionado ao poder, enquanto persuasão, à autoridade. Vamos pensar no esquema abaixo que desenvolvi pensando no ser humano integral e não apenas em um transmissor de uma mensagem.

Fórmula da persuasão (parte do método Coaching Communication®):

| | |
|---|---|
| O QUÊ \| COMO → | COMUNICADOR \| DESCONSTRUÇÃO |
| ESCUTA | ↓ |
| | VALIDAÇÃO |
| | ↓ |
| | CONSCIENTIZAÇÃO |
| | ↓ |
| ARGUMENTAÇÃO | PERSUASÃO \| AÇÃO |

É fácil observar que, na fórmula da persuasão, a escuta está em todos os itens.

Primeiro, quero comunicar algo para levar a outra pessoa a realizar a ação e, para isso, é importante que eu tenha dados e fatos suficientes para realizar a comunicação.

Caso ainda não os tenha, preciso desconstruir e realizar perguntas poderosas para investigar o que e como. Apenas quando desconstruir, conseguirei levar a pessoa à ação.

Vamos a um exemplo prático:

Em um treinamento, o aluno faz a seguinte afirmação: "Professor, eu não entendi nada".

Professor: Ok, *o que* você não entendeu?

Aluno: Aquela parte em que você disse sobre organização.

Professor: Então, você está me dizendo que não entendeu sobre organização...

Aluno: Sim.

Professor: E como você pode fazer para apresentar organização?

Aluno: Eu preciso organizar meu tempo...

Professor: E agora está tudo certo? Você entendeu?

Aluno: Sim, professor, agora eu entendi tudo.

Quando a pessoa se conscientiza, o caminho para a persuasão se encurta.

Poder da persuasão na oratória:

*compreender as pessoas na essência;*
*criar confiança imediata;*
*levar o outro a entrar na ação;*
*levar os outros a aceitarem seu ponto de vista.*

Traços de oradores persuasivos:
*atualizado;*
*bem informado;*
*organizado;*
*colaborador;*
*ótimo comunicador;*

*esforçado;*
*pontual;*
*empático;*
*confiável;*
*preciso;*
**humilde**
**admite seus próprios erros;**
*criativo;*
*aprendiz contínuo.*
(Fonte: Persuasion Institute)

*Recursos vocais*

*A voz é o colorido para transformar suas palavras em uma dança harmônica; no entanto, ela pode remeter a vários entendimentos. Conhecê-la e percebê-la irá lhe possibilitar emitir a mensagem de forma coerente.* (Autor desconhecido).

O recurso vocal relaciona-se à qualidade vocal, aos tipos de voz, aos parâmetros vocais (*pitch, loudness,* ressonância, articulação, modulação, coordenação pneumofônica, velocidade de fala, respiração) e às pausas.

Para treinarmos a técnica nos recursos vocais, vamos trabalhar os itens conforme a enumeração a seguir:

1. PARÂMETROS VOCAIS
1.1. VOZ

1. O que você acha de sua voz?
_____
_____
_____

2. O que você acha de você?
_____
_____
_____

3. Sua voz é normal para você?
_____
_____
_____

4. Gostaria que sua voz fosse diferente? Se sim! Como? O que tem feito para ser diferente?
_____
_____
_____

5. O que as pessoas acham da sua voz?
_____
_____
_____

## 1.2 SAÚDE VOCAL – SUA VOZ, SEU CARTÃO DE VISITAS

1. Beber água o dia todo para hidratação das pregas vocais.
2. Evitar hábitos orais inadequados: gritar, pigarrear, tossir constantemente, rir ou falar alto, para não irritar as pregas vocais.
3. Evitar o uso de bebidas alcoólicas.
4. Evitar o uso de cigarro, pois, além de ser nocivo à saúde, é altamente irritante à mucosa do trato vocal, provoca tosse, pigarro, aumento de secreção e infecções, que são fatores de agressão às pregas vocais.
5. Evitar o uso de roupas apertadas que atrapalham a respiração, pois uma alteração na respiração leva a uma alteração vocal.
6. Em um ambiente com ar condicionado é importante aumentar a ingestão de líquidos, já que ele diminui a umidade do ar, ressecando a mucosa do trato vocal.
7. Alimentos como a maçã têm uma propriedade adstringente, auxiliando na limpeza do trato vocal. Os sucos cítricos como laranja e limão auxiliam na absorção do excesso de secreção.
8. Após o uso intensivo da voz, deve-se considerar um repouso vocal ou um período de uso limitado, com o mesmo número de horas do emprego da voz.
9. Cuidado ao emitir a voz com excesso de intensidade, pode causar a impressão de braveza (voz estrondosa, tom de poder, pessoa mandona); ou apatia, ao contrário, com intensidade fraca (voz sem força, tom de doente, pessoa sem entusiasmo).

10. *Quando sair para se divertir ou estiver em ambientes barulhentos, diminuir o uso excessivo de sua voz, sem competir com o ruído.*
11. *Utilize a voz de modo profissional, lembre-se de utilizar aquecimento e desaquecimento vocal.*
12. *Antes de começar a prática dos exercícios da expressividade, é importante salientar: todo exercício deverá ser realizado com cuidado, postura adequada e seguindo as etapas passadas no curso presencial. Exercício mal realizado é prejudicial.*

**Respiração e coordenação pneumônica**

Um bom treinamento de voz e fala começa pela respiração. A inspiração é um alimento para o organismo. O ar aspirado é responsável pelas trocas gasosas, que mantêm o equilíbrio alimentar dos gases no organismo. A expiração, ou saída de ar do organismo, é a responsável pela voz e pela fala. Todo o nosso ser social está preocupado em inspirar uma grande quantidade de ar, na doce ilusão de que, assim procedendo, estará ajudando o ato da fala a ficar cada vez melhor.

Quando o corpo está em repouso, a inspiração é um movimento muscular ativo e a expiração é passiva. Entretanto, na fala estética ou no canto, a inspiração e a expiração tornam-se movimentos ativos e de controle preciso.

Cada frase pode ser dividida em várias pausas respiratórias, e esse procedimento evita embaraços respiratórios que podem levar a estados de tensão ou à emissão inaudível ao fim de uma frase, por falta de ar. Além disso, cada pessoa é suficientemente criativa para dizer algo de maneira totalmente nova e sem que essa nova forma prejudique o entendimento do que se deseja transmitir.

Destaca-se, ainda, o fato de que a respiração é um dos elementos-chave na busca das emoções. O controle respiratório deve ser muito bem treinado para o estudo e levantamento da relação da respiração com as emoções. Em todas as emoções humanas, a respiração é um fato presente, que fornece características específicas a cada manifestação emotiva.

Vamos praticar?

*Exercícios*

1. Puxe o ar pelo nariz (inspiração) – abdome incha – solte o ar pela boca (expiração) em forma de sopro – abdome murcha – 10x deitado, sentado e em pé – gradativamente.

2. Mesma forma acima – porém, agora, retenha o ar por 5 segundos (momento que incha o abdome) – realizar uma semana para cada postura, deitado, sentado e em pé, conforme exercício 1. Puxe o ar pelo nariz e solte o ar em forma de ssssss (até acabar o ar), depois zzzz, chiiiiiiii e jjjjjjj. Conte o tempo. Quanto mais ficar, melhor.

3. Puxe o ar pelo nariz e solte-o ar em forma de palavras:
**Palavras monossílabas:** *mão, pé, sol, fel, céu, pão, chá, mel, lá, mas.*
**Palavras dissílabas:** *casa, mesa, sofá, café, homem, sempre, campo, tampa, pente, onça, leão, porta.*

**Palavras trissílabas:** *janela, macaco, laranja, caneta, caneca, casaco, colega, caipira, cantiga.*

**Palavras polissílabas:** *marmelada, goiabada, caderneta, camisola, elegante, camponesa, independência, intolerância, patrocinador, comendadora.*

4. Após esse treino, que poderá levar semanas, iniciam-se os textos; leia um texto marcando até onde você consegue acompanhar a leitura com apenas uma *expiração*.

## Velocidade de fala

Nós falamos de 120 a 150 palavras por minuto. Para que ocorra a velocidade de fala adequada, é necessário pronunciar as palavras de maneira adequada e evitando comer letras.

Exemplo: mineiro e não *minero*; brincando e não *brincano*.

*Exercícios*

Leia o texto abaixo e grave. Peça alguma pessoa para ouvir e pergunte como está sua performance.

Dica: expresse com emoção, como se você estivesse contando algo para alguém. Se você falar rápido demais, a pessoa irá dizer: "Calma...". Se você falar muito devagar, a pessoa irá dizer: "Acelera aí". Use o bom senso.

## Articulação da fala

A articulação está relacionada à produção dos sons da fala. Para que ela ocorra de forma clara e natural, é importante o controle dos órgãos fonoarticulatórios (lábios, língua, dentes, palato duro). A eficiência da musculatura articulatória é fundamental para a precisão na emissão dos sons, e, consequentemente, para a inteligibilidade de fala.

Uma dificuldade na organização mental e a não preocupação em ser compreendido fazem com que a articulação seja mal definida, ocasionando erros na fala que dificultam a compreensão.

Deve-se destacar que o tempo envolvido na articulação é um recurso que contribui para a valorização do que está sendo dito, pois, ao modificar a duração na pronúncia de determinada palavra, estamos interferindo na fluência do que está sendo falado.

A técnica da sobrearticulação ou articulação consiste em exagerar nos movimentos fonoarticulatórios, fazendo ampla movimentação com extensa abertura de boca, emitindo as sílabas ou palavras de forma bastante precisa, porém sem aumento da tonicidade laríngea e cintura escapular. Com esse exercício, promoveremos a redução da hipertonicidade (rigidez do músculo) laríngea por meio de um melhor aproveitamento das estruturas supraglóticas (acima da laringe); melhoria do rendimento vocal, pois o trabalho dos articuladores reduz a resistência à saída do som laríngeo, possibilita maior projeção vocal e estimula a precisão e inteligibilidade articulatória.

*Exercício de articulação*

Fale com boa dicção; pronunciar as palavras de modo claro e com a articulação precisa, mesmo falando mais rápido, faz as pessoas entenderem e acompanharem sua mensagem. Importante lembrar: A É Ó – Sons claros / abertos – Ô Ê I U – Sons fechados.

Pronunciar os vocábulos:
Pataka – peleke – pitiki – potoko – putuku / vazaja – vezeje – viziji – vozojo – vuzuju / mandangá – mendengué – mindingui – mondongo – mundungu / badaga – bedegué – bidigui – bodogó – budugú.

Fazer o mesmo exercício anterior, acrescentando a vogal "r": pratrakra – pretrekre – pritrikri – protrokro – prutrukru, seguindo do mesmo modo com os outros vocábulos.

Lista de palavras e sua pronúncia:
*Advogado – não adevogado.*
*Cabeleireiro – não cabeleleiro.*
*Caderneta – não cardeneta.*
*Frear – não freiar.*
*Mortadela – não mortandela.*
*Sobrancelha – não sombrancelha.*
*Lagartixa – não largatixa.*

## Suavização do sotaque

Todos nós temos sotaque de determinada região, e isso não é um fato que é considerado certo ou errado. O seu sotaque representa o local que você nasceu ou a região em que vive e apresenta características individuais.

Pode-se dizer que há um som desagradável quando existe o excesso do sotaque. Ele pode ser suavizado da seguinte forma:

*Grave um trecho de sua fala espontânea.*
*Analise qual o fonema que está exagerando a pronúncia do som.*
*Repita as palavras, frases e textos com este fonema até você perceber que ele não está mais chamando atenção.*

## Ritmo ou velocidade de fala

O ritmo, assim como a velocidade, representa a "musicalidade" da fala. Quando falamos, as palavras pronunciadas se desenvolvem em determinado tempo, que pode ser maior ou menor, dependendo do ritmo interno de quem fala e do propósito que temos ao falar.

Os diferentes ritmos dados à fala dependem das pausas que fazemos, do tempo dado para as inspirações, da modulação, do tempo gasto para a pronúncia dos sons, da velocidade de fala, entre outros, que acabam caracterizando um estilo de fala.

É importante destacar que uma dicção clara e compassada transmite segurança e calma; ao contrário, uma fala excessivamente rápida demonstra nervosismo e inquietude.

## Projeção vocal

A projeção vocal é importante, principalmente em ambientes amplos. Utiliza-se o apoio respiratório eficiente e abertura bucal (articulação precisa).

*Exercícios*

/m/ mastigatório: m – am – em – im – om – um / articulando de forma adequada.

o – a o – e o – i o – o o – u / i – a i – e i – i i – o i – u / abrir bem a boca.

## Impostação vocal

É a competência do apresentador de tornar uma frase mais enfática, educando a voz para se tornar mais atraente e em consequência pronunciar melhor os fonemas.

1. Neste exercício, é como se você imitasse o papai noel. *HÔ HÔ 1 – HÔ HÔ 2...* até *HÔ HÔ 10*, dias da semana, meses do ano, parabéns para você, palavras monossílabas, dissílabas, trissílabas, frases e textos. Juntamente com o HO HO, pode realizar o movimento de mãos, enumerando (HO HO 1; HO HO 2).

2. Mastigue o fonema /M/ mastigatório (tem som do *Huming*). Comece com vogais, palavras monossílabas, dissílabas, trissílabas, em seguida frases e textos.

## Pausas

Uma das celebridades que gosto de exemplificar é o ex-presidente dos Estados Unidos, Barack Obama; sua fala é dotada de emoção e pausas interpretativas. Faça pausa no fim do raciocínio, com a inflexão de voz que demonstre que o pensamento está encerrado. Assim, as pessoas terão condições de refletir sobre as informações que você transmitiu. Durante os instantes de pausa, continue olhando para os ouvintes. Desse modo, não romperá a linha que deve ligá-lo à plateia.

Para ser um bom orador, você deve evitar um tom de voz ensaiado e robótico. Além disso, é necessário manter uma boa velocidade e um bom ritmo durante todo o seu discurso. A pausa é uma ferramenta importante na fala expressiva, pois possibilita uma ênfase natural nas partes do discurso que queremos salientar.

Uma frase pode ser falada de diversas formas, dependendo das pausas que são realizadas. Dessa forma, podemos atribuir diferentes significados de acordo com a intenção do discurso. As pausas podem ser breves ou longas. As pausas breves devem ser utilizadas quando queremos destacar uma palavra de uma frase. Pausas longas nos permitem, até mesmo, alterar o conteúdo interior de determinada palavra.

As pausas representam o momento do silêncio e compõem o discurso. O silêncio pode ser usado como estratégia de interpretação de acordo com o contexto. As pausas estão relacionadas ao sinal de pontuação e à necessidade de respirar (KYRILLOS; COTES; FEIJÓ, 2003). As pausas utilizadas de forma inadequada transmitem lacunas na fala, podendo demostrar insegurança. Se utilizadas de forma adequada, irão dar sentido ao discurso, tornando um fator de elucidação.

Portanto, podemos dizer que o uso da pausa, juntamente com a entonação e ênfase dadas às palavras, valoriza a fala e a oratória. A ênfase é a energia colocada na emissão. Kyrillos; Cotes; Feijó (2003) referem ser um grifo na emissão vocal. Ela é obtida com reforço da intensidade, articulação mais precisa e velocidade mais lenta. É importante ressaltar que a ênfase é dada à palavra mais importante da mensagem, caso contrário, a mensagem torna-se inexpressiva.

**Entonação**

Entonação é a inflexão de voz, estabelecendo diferentes curvas melódicas no discurso. É associada ao recurso das pausas. Provoca forte efeito emocional ao ouvinte (fala monótona = desinteresse). Falhas nas entonações podem deixar interpretação errônea (sinais de pontuação).

No diálogo, percebemos o momento oportuno para falar por meio da melodia; a voz normal flutua alguns tons acima e abaixo do tom natural da pessoa.

Em uma palestra, treinamento ou como professor. Portanto, ao utilizarmos uma curva ascendente para interrogação, o ouvinte sabe que deverá se pronunciar numa resposta; quando usamos uma curva descendente, com queda da voz para o ponto-final, ele sabe que concluímos o raciocínio; ou ainda quando levantamos um pouco o som na última sílaba da palavra, como que avisando ao ouvinte que ele deverá aguardar por uma complementação, ele percebe e espera.

*Exercícios*

1. Realize leitura de livros ou revistas, emitindo apenas o som das vogais, de forma musicalizada.

2. Mudar o sentido e a forma como fala.
Ex.: Você chegou cedo? Você chegou cedo.

3. Treine as palavras abaixo, variando a sua voz entre os tons mais graves e os mais agudos. Mudando a inflexão da voz, transmita emoções diferentes, interferindo no seu significado.

**Demonstrando ser uma pessoa agradável e depois desagradável.**
– Adivinhem **quem** vem para o jantar?

**Demonstrando alegria, tristeza, ira.**
– Vamos **agora** até lá.

**Demonstrando reprovação e solicitando um esclarecimento.**
– O que **significa** isto?

Leia a frase a seguir variando a entonação. O contorno melódico que dará a ela dependerá da flexibilidade da mudança de tons para os agudos e vice-versa.

"Se for para o bem de **todos** e a felicidade geral da nação, diga ao povo que fico." (D. Pedro I, 9 de janeiro de 1822).

Quanto mais você treinar os exercícios, mais facilmente serão assimilados.

Nesta etapa de exercício serão trabalhados vários recursos (pausas, ênfases, energia, postura corporal, olhar, gestos, movimento *ínfimo* de cabeça) e é necessário interpretação das frases.

Exemplo:
Se você disser: "O aluno é inteligente, disciplinado e organizado!", você pode realizar o gesto emblemático numerativo demostrando números.

Com isso para o treino – é importante usar textos e fazer a marcação. Dê preferências a contos e poesias.

A sílaba tônica é aquela que dá sentido à palavra.

### Ênfases mágicas

*Como saber o que enfatizar? A ênfase que dará o colorido da mensagem.*

*Regra de ouro: não enfatizar verbo.*

*Enfatize palavras de valor e o que está relacionado a quem está emitindo a mensagem. Importante perceber o que você quer passar, ou seja, o objetivo da mensagem.*

*Quer enfatizar a importância de algo?*
*Quer enfatizar a quantidade?*
*Quer enfatizar a qualidade?*

*Exercícios*

Textos para trabalhar os itens expostos anteriormente, como seria sua interpretação.

Precisamos levar a nossa plateia a pensar e por isso, a pausa irá dar um significado de reflexão, enquanto a ênfase irá valorizar as palavras importantes, observe.

Imagine você olhando firmemente para sua plateia e repetindo:

*Eu tenho um sonho...* (pausa). Você os leva a pensar.

Observe este famoso discurso de Martin Luther King (um dos mais citados no século XX) e outros:

> *Eu tenho um sonho de que um dia, nas montanhas vermelhas da Geórgia, os filhos dos descendentes de escravos e os filhos dos descendentes de donos de escravos poderão sentar-se juntos à mesa da fraternidade.*
>
> *Eu tenho um sonho de que um dia...*
>
> *Eu tenho um sonho de que um dia... Eu tenho um sonho hoje...*

Neste discurso a repetição é chamada de anáfora, é uma ferramenta para enfatizar o grupo de palavras a que se quer dar evidência.

**Trava-língua**[2]

Somente com a nossa poderosa língua coisas como esta são possíveis...

Pedro Paulo Pereira Pinto, pequeno pintor português, pintava portas, paredes, portais. Porém, pediu para parar porque preferiu pintar panfletos. Partindo para Piracicaba, pintou prateleiras para poder progredir. Posteriormente, partiu para Pirapora. Pernoitando, prosseguiu para Paranavaí, pois pretendia praticar pinturas para pessoas pobres. Porém, pouco praticou, pois Padre Pafúncio pediu para pintar panelas, porém posteriormente pintou pratos para poder pagar promessas. Pálido, porém personalizado, preferiu partir para Portugal para pedir permissão para permanecer praticando pinturas, preferindo, portanto, Paris. Partindo para Paris, passou pelos Pirineus, pois pretendia pintá-los. Pareciam plácidos, porém, pesaroso, percebeu penhascos pedregosos, preferindo pintá-los parcialmente, pois perigosas pedras pareciam precipitar-se principalmente pelo Pico, pois pastores passavam pelas picadas para pedirem pousada, provocando provavelmente pequenas perfurações, pois, pelo passo percorriam, permanentemente, possantes potrancas. Pisando Paris, pediu permissão para pintar palácios pomposos, procurando pontos pitorescos, pois, para pintar pobreza, precisaria percorrer pontos perigosos, pestilentos, perniciosos, preferindo

---

[2] SILVA, Solimar. Recanto das letras, 2009. Disponível em: **https://www.recantodasletras.com.br/gramatica/1616594**. Acesso em: 10 de maio de 2018.

Pedro Paulo precatar-se. Profundas privações passou Pedro Paulo. (...)

### Recursos não verbais

A responsabilidade da comunicação é de quem passará as informações; importante sempre observar: quais sinais não verbais eu estou emitindo?

Os recursos não verbais englobam o corpo como canal de expressão: a postura corporal (posição neutra; movimentos e mudanças de postura do corpo todo e/ou partes específicas, como cabeça, tronco, braços e mãos); o uso de gestos (condizentes com os significados das palavras e com as ênfases); as expressões faciais (olhos, sobrancelhas, boca); a aparência física e a indumentária (SILVA; PENTEADO, 2014).

Duas perguntas devem norteá-lo quando for falar em público:

*Quais sinais não verbais eu passarei?*
*Quais sinais não verbais eu estou detectando?*

O recurso não verbal não há forma de ser trabalhado separado dos outros recursos, ele é inseparável da voz – corpo – conteúdo. Já que o mesmo é a interpretação do conteúdo, juntamente com a voz, ocasionará a energia nos movimentos corporais de forma harmônica e com sentido ao contexto.

Estudiosos mencionam que a melhor maneira de entender o outro é pela observação. O corpo pode demonstrar o que você está sentindo, mesmo que de maneira errônea, já que o julgamento é do interlocutor e você não tem controle sobre ele.

Uma postura corporal correta, bem como musculatura relaxada, traz benefícios funcionais e estéticos, sempre mantendo o ângulo de 90° entre a ponta do queixo e o pescoço, permitindo livre movimentação da laringe e dos músculos do pescoço. Imagine uma linha saindo entre os pés, passando pelo meio do corpo e puxando para cima. A postura rígida e as articulações travadas diminuem sua expressividade. O corpo, os ombros e a cabeça devem estar alinhados e em harmonia.

A linguagem corporal deve transmitir equilíbrio emocional; evite movimentos de balançar (pêndulo, ou efeito Titanic, movimentos repetitivos para frente e para trás), movimentos exagerados com mãos, pés e corpo, pois demonstram efeitos negativos em sua comunicação.

## Pés

Os pés devem estar apoiados totalmente no chão; desde o calcanhar até os dedos, com o peso do corpo ligeiramente para frente.

*Exercício 1*

Afaste ligeiramente os pés, deixando-os inteiramente apoiados. Faça com olhos abertos e depois com os olhos fechados. Balance o corpo lateralmente como se fosse um pêndulo durante dois minutos. Os pés não podem ficar próximos, pois você perderá o equilíbrio. Evite as pernas arqueadas.

*Exercício 2*

**Lembre-se de que os gestos são interpretativos e não decorados.**

Agora você vai andar pela sala com o apoio total dos pés e observando o alinhamento: corpo, ombros e cabeça. E com a percepção de como está seu corpo. Relaxado, alinhado, tenso, entre outras.

**Mãos e braços**

Os gestos devem ser na região da cintura e do peito, interpretando a sua fala por gestos e dinamismo do corpo.

Evite os hábitos de esfregar nervosamente as mãos, coçar a cabeça ou outras atitudes que possam desviar a atenção dos ouvintes; interprete os gestos e esses hábitos irão deixar de existir. Utilizando a técnica da entonação, pausa e ritmo, os gestos irão acontecer naturalmente.

Tome cuidado para não ficar se movimentando de um lado para outro sem objetivos; ao falar, procure olhar para todos os ouvintes. Assim, analisará como eles se comportam à sua mensagem e prestigiará e integrará as pessoas ao ambiente, como também irá quebrar a rigidez da postura ao movimentar para olhar os ouvintes localizados nas diversas partes do ambiente.

## Olhar x poder do agora

O contato visual é um elemento fundamental para o processo de comunicação interpessoal e também na oratória.

O olhar demonstrará interesse e emoção (quando você fala com a alma, seu olhar brilha).

Os olhos transmitem segurança, credibilidade e simpatia. Porém, podem também transmitir desinteresse, revelação ou agressão a uma pessoa.

> ênfase + movimento de mãos e braços + pausa

No dia a dia, realizar o treino quando for se comunicar, sempre olhando nos olhos das pessoas. E, no falar em público, utilizar o seu olhar para magnetizar as pessoas e fazer o poder do agora. Olhar para a plateia toda e não fixar o olhar somente em uma pessoa.

## Meneio de sobrancelha

É estranho pensar em movimentar as sobrancelhas, porém, elas vão auxiliar, e muito, no momento da oratória, trazendo uma expressividade facial e complementando a ênfase nas palavras de valor.

O meneio acontecerá de forma natural, sendo a junção de três pontos importantes.

### Meneio de cabeça

Muito utilizado no telejornalismo. Oriento sempre meus clientes a utilizarem de forma natural, pois complementa o discurso, além de pontuar as palavras de valor.

O meneio de cabeça também acontecerá de forma a interpretar o conteúdo da mensagem expressa. Você vai utilizá-lo quando quiser imprimir maior energia a uma palavra, nos momentos das ênfases, bem como nos finais de frases.

Existem três tipos de meneio: para frente, para baixo e para os lados – devem ser micromovimentos, e não podem ser repetitivos.

### Observações importantes

Observe sua postura corporal em momentos de descontração: evitar braços cruzados, sentar de forma relaxada (caindo na cadeira), mãos ao bolso, enfim, gestos que demonstrem falta de interesse.

Cuidado ao ficar parado e colocar todo peso somente em uma perna.

Gestos amplos (acima da região peitoral) somente se fizer parte do contexto.

Cuidado com os gestos que podem significar, no senso comum, "obscenos".

Segurando as mãos para trás ou na frente do corpo, o discurso pode demonstrar monotonia e desinteresse.

É preferível não realizar gestos (permanecer na posição neutra), quando não houver forma de interpretar um movimento.

Pense que tudo que é repetitivo, exagerado e que distraia será negativo para sua comunicação.

Os olhos transmitem segurança, credibilidade e simpatia. Porém, podem também transmitir desinteresse, revelação ou agressão a uma pessoa.

**Aparência física**

*Por que a aparência física está no item recursos não verbais?*
Você sabia que a reação a uma fala, apresentação ou encontro acontece nos três primeiros segundos? As impressões ditam as reações nos primeiros segundos, e isso acontece em ambas as partes. É claro, os outros restantes 88 segundos são para confirmar e cimentar o relacionamento que será realizado (BOOTHMAN, 2012).

Com isso, chegamos à conclusão de que as pessoas vão interpretar suas vestimentas também.

Eu não costumo dizer o que é certo nem errado nesse quesito de vestimentas. Na atualidade, fala-se muito em estilo. Portanto, minha orientação é manter seu estilo, mas sem exageros.

*O que deve-se evitar:*
*Algo que o deixará incomodado no momento da apresentação;*
*Exagero de maquiagem, roupas decotadas e excesso de adornos (bijuterias, joias, entre outros).*

**O que devemos fazer:**
Ter bom senso ao se vestir, pensando no evento e procurando saber detalhes dele para não errar nesse quesito.

Pode-se perguntar para a pessoa responsável pelo evento qual o traje.

Lembre-se de que você deve se valorizar em sua oratória por meio de suas vestimentas.

**Capítulo 9**

Apenas continue...

TRILHO 4: REGAR

"Você poderá obter o resultado que deseja, a partir do momento em que apresentar atitude para buscar o conhecimento e treinar suas habilidades."
(Dra. Cristiane Romano)

Neste "R", o regar, por estar em último lugar, pode parecer o menos importante, no entanto, considero-o de extrema importância para sua excelência na comunicação e oratória.

O regar lhe possibilitará passar por situações constrangedoras de forma leve, pois a missão foi cumprida.

Faça o que tem de ser feito! Apenas faça, sem pensar. Como exemplo, quando você é convidado para palestrar em algum evento, você sabe o que deve ser feito, mas por que você deixa para última hora?
Então, se seu comportamento é realizar com antecedência e com planejamento, apenas faça.

Um professor de uma das minhas formações de Coaching dizia "TPC", tirar a poupança da cadeira; aja agora!

AÇÕES:

1- Quais as ações eu devo repetir todos os dias para que eu possa continuar apresentando oratória com liberdade®?

Por exemplo: escovar os dentes e arrumar a cama são hábitos incorporados.

_____
_____
_____
_____

2- Quais os ganhos eu terei ao realizar as ações propostas?

_____
_____
_____
_____

# Capítulo 10

## Uso do microfone (ele não morde!)

"Quando me dão um microfone, tudo piora... aí que fico nervoso."

(Aluno do curso de oratória com liberdade)

Falar em público sempre traz consigo uma dose de emoção e nervosismo. É claro que isso se trata de algo rotineiro para algumas profissões, mas existem áreas nas quais é necessário falar em público apenas esporadicamente.

Seja no trabalho, na igreja ou naquele evento beneficente do seu bairro, todos estamos sujeitos a encarar uma plateia. Como se não bastasse lidar com toda essa adrenalina, a ocasião muitas vezes traz um adendo: o microfone. E aí vem a dúvida: você sabe como usar o microfone corretamente?

Se você estiver se sentindo inseguro quanto ao uso do microfone, a ansiedade será maior. Pensando nisso, listamos abaixo a maneira correta para você usar o microfone corretamente. Confira!

## Conheça os tipos de microfone

Antes de tudo, precisamos entender quais são os tipos de microfone existentes:

**Microfone pedestal:** *é aquele que fica apoiado em uma base fixa, às vezes podendo ser retirado dela para garantir melhor liberdade de fala.*

***Microfone lapela:*** *é usado preso à roupa por uma presilha.*

***Microfone de mesa:*** *fica sobre a mesa, apoiado em uma haste flexível.*

***Microfone auricular:*** *ligado a uma caixa presa à cintura, ele é fixado à orelha, de onde sai a haste, que vai até a boca e capta o som.*

## Mantenha uma distância adequada

Antes de começar a falar, ajuste o microfone pedestal ou de mesa na altura do seu peito ou queixo, pois não é recomendado que ele cubra seu rosto. Mantenha-se a uma distância onde a sua voz não saia nem muito alta, nem muito baixa. O microfone lapela é mais sensível, bastando fixá-lo na altura do peitoral.

## Tenha cuidado com os ruídos

Sabe aquele barulho de mexer nos papéis que você tem em mãos ou das palmas que você não conseguiu segurar? Pois bem, esses ruídos ficam mais altos e evidentes quando você está próximo a um microfone. Portanto, evite-os. Bater no peito enquanto usa o modelo lapela? Nem pensar! Testes como assoprar e bater no microfone também não são bem vistos.

Também não faça comentários próximo ao microfone quando ele estiver ligado e não se esqueça de desligá-lo ao fim do discurso.

**Fale para o público**

Discursar ao público exige certa postura e desenvoltura. Fale de forma clara e olhe para as pessoas. Nada de ficar olhando fixamente para o microfone, como se estivesse estabelecendo uma conversa com ele: faça questão de criar um vínculo visual com o seu público.

**Atente aos tiques**

Muitos de nós temos pequenas manias que, no dia a dia, passam despercebidas: são os famosos tiques. Diante de um microfone, elas tendem a tornar-se mais acentuadas pela ansiedade e pela atenção das pessoas, que está toda voltada para você.

Fique atento para evitar atitudes como enrolar o fio do microfone enquanto fala ou ficar mudando de lugar quando o microfone é do modelo pedestal (isso fará com que sua voz oscile).

**Evite a microfonia**

Envolver o globo do microfone ou passar na frente das caixas de som apontando o microfone para elas causa microfonia. Tenha o cuidado de evitar esse som desagradável para não correr o risco de atrapalhar sua própria linha de raciocínio e a concentração dos ouvintes.

# Capítulo 11

## Estruturação e Organização de sua apresentação. Chegou a hora de brilhar!

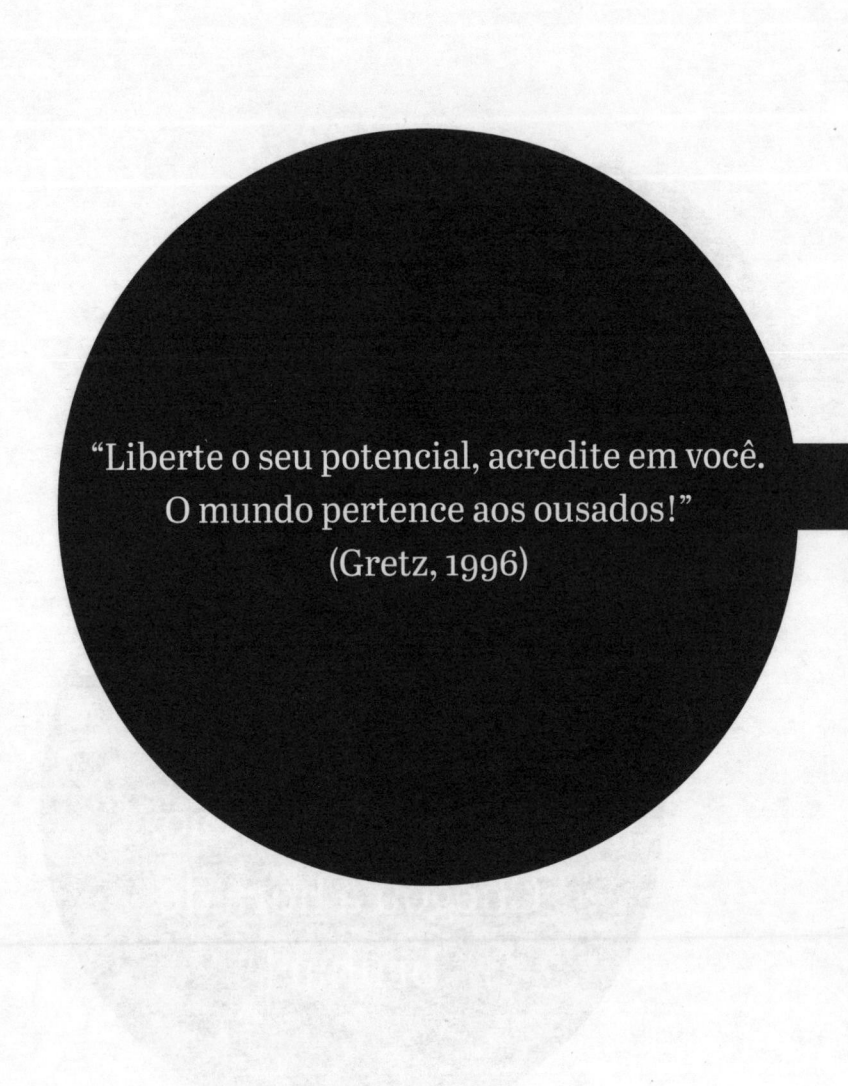

"Liberte o seu potencial, acredite em você.
O mundo pertence aos ousados!"
(Gretz, 1996)

É necessário você dizer sim para as oportunidades de se comunicar para começar a brilhar...

Vamos utilizar duas formas para realizar o *checklist*:

**Recurso interno:** Tudo que você precisa está dentro de você e, se chegou até aqui, você tem todos os recursos.

**Recurso externo:** Checar tudo para a apresentação.

*Comunicador planejador, organizador e avaliador.*

Muitos alunos dizem: "Eu prefiro não escrever". Porém esse é um grande erro. Sim, é necessário escrever, estudar, planejar o que você vai exercitar e colocar os pensamentos em ordem.

Existem várias formas de planejar uma apresentação. Neste capítulo, entraremos no quesito criatividade.

Dê asas à imaginação para falar em público.

"O futuro do homem é perceber e conectar aquilo que parece completamente desconexo." (PLOMER, 1958)

Foque algo, um problema ou uma oportunidade para sua apresentação.

Observe e reflita quais são suas barreiras mentais no momento em que for criar sua apresentação.

ABRA POSSIBILIDADES

TIRE OS BLOQUEIOS

Como posso trabalhar essas barreiras mentais que me impedem de "pensar fora da caixa"?

## Estrutura de uma apresentação de alto impacto

Geralmente, as pessoas vão elaborar uma apresentação e começam sempre pelo título; nesse esquema, eu proponho que deverão começar pelo objetivo e, somente após o *briefing*, coletando as expectativas do seu cliente, ocorrerão os itens do desenvolvimento e, assim, a escolha do título.

Há sempre a pergunta: o que você pretende após a palestra, a aula, o treinamento?

*Introdução*

É importante definir a questão que vai ser abordada, o tema, com dados, fatos, características importantes, gráficos e comparações que despertem o interesse.

Frases reflexivas, perguntas de impacto, perguntas retóricas, às quais o ouvinte não irá responder.

*Desenvolvimento*

Vai depender do *briefing* (coleta de informações). O que o público daquele evento, palestra, aula ou treinamento espera ouvir? Não se trata apenas de copiar e colar o desenvolvimento do tema de um livro.

Uma dica importante é observar suas fontes de pesquisa. Hoje em dia, o excesso de informações pode ser perigoso.

Forneça ideias, paralelos; pode usar a parte histórica, mas seja sucinto.

Não se deve repetir o que foi dito, a não ser que seja um ponto importante e você o enfatize na sua fala.

E lembre-se: escreveu um conceito de um autor, coloque-o entre aspas e cite-o.

*Conclusão*

A conclusão deve exprimir sua proposição inicial. Responda seu objetivo.

Pode terminar com uma frase reflexiva e de impacto relacionada ao tema, ou também terminar com uma frase interrogativa.

*Dicas importantes*

Leve as pessoas a entrarem no mundo visual, auditivo e cinestésico. Vídeos para embasar o conteúdo devem vir após o conteúdo.

Vídeos antes do conteúdo vão abrir diversas conexões, gerar curiosidade sobre o tema, bem como a construção do tema internamente.

Não colocar vídeos que não condizem com o conteúdo;
Cuidado com filtros negativos: "desculpe o atraso", "hoje o dia foi difícil", "não estou passando muito bem", "não vai dar tempo de passar tudo o que programei".

## A importância do *Storytelling*

A história pode ser exposta de forma trabalhada, detalhada e/ou de improviso. O *storytelling* aparece em vários segmentos, como cinema, teatro, literatura, televisão, marketing, publicidade e/ou apresentações. A história entra na mente da pessoa, pois se utiliza o lado direito do cérebro, o da criatividade, da imaginação. Nossa mente é altamente receptiva; essa é uma poderosa ferramenta na comunicação humana.

Como contar uma história com método:
1 - **Ter um clímax – um ponto de viagem – ambiente – cenário;**
2 - **Despertar emoções, trabalhar todos os sentidos, é necessário mostrar a essência da história;**
3 - **Fazer com que o público se identifique com o/a personagem;**
4 - **A história tem de ter uma resolução.**

Vamos pensar em falar em público/construir histórias capazes de causar emoções:
1 - Defina sua **audiência;**
2 - Foque que as pessoas estão precisando, no **conflito** delas;
3 - Defina o **tema central;**
4 - Escreva o **roteiro**, pensando na história e uma informação encadeada umas às outras;
5 - É na **conclusão** que sua audiência irá deduzir se a história é interessante, ou seja, se a sua informação é importante.

Exemplo: vamos comparar as perguntas

Responda as seguintes perguntas:
Onde você comemorou seu aniversário há 12 anos?
Onde você estava no dia 11 de setembro de 2001?

Essa comparação mostra o poder das histórias. Elas são captadas pela mente humana de forma rápida e ficam guardadas na memória.

**Recursos externos**

*Checklist* – 40% do sucesso.

*Briefing* para entender o **público**:
*Qual o seu público?*
*Quantidade de pessoas? Quantas pessoas?*
*O quanto elas sabem?*
*Qual perfil da turma (nível de escolaridade, cursos que já fizeram, idade, tempo de empresa – sendo empresa)?*

*Briefing* para entender o **assunto**:
*Qual o tema?*
*Qual o seu objetivo (vender, persuadir, informar, entre outros)?*
*O que eles esperam do treinamento, palestra, entre outros?*

Metodologia:
*O que irei utilizar (dinâmicas, vídeos, músicas, role play etc.)?*
*Como será o material didático?*

Recursos utilizados:
*Local do evento, parte elétrica (voltagem e utensílios necessários para funcionamento dos equipamentos).*
*Há ar-condicionado (caso tenha, avisar participantes).*
*Há data show, microfone, som (verificar funcionamento) – testar pelo menos no dia anterior ou na parte da manhã.*
*Flip-chart, quadro branco e pincel.*
*Caneta, folhas brancas, cola, passador de slides, crachás, certificados, lista de presença, entre outros.*
*Verificar dinâmicas e o que for utilizar de recursos para elas.*

Leitor, você deu um passo à frente para sua oratória inspiradora e com liberdade, agora você despertou o palestrante que há em você. O próximo passo é sempre elevar seu estado energético, apresentar brilho no olhar e colocar verdade em suas palavras; o resultado é fatal: oratória com liberdade e sentimento de missão cumprida!

"Aqueles que passam por nós não vão sós. Deixam um pouco de si, levam um pouco de nós."
(Antoine de Saint-Exupéry)

# Referências bibliográficas

BEHLAU, M. S. Voz: *o livro do especialista*. Vol. 1. Rio de Janeiro: Revinter, 2001. p. 348.

BEHLAU, M. Suzana; ZIEMER, Roberto. Psicodinâmcia vocal. *In*: Ferreria, L.P. (Org.). *Trabalhando a voz*: vários enfoques em Fonoaudiologia. São Paulo: Summus, 1988. p. 71-88.

BOONE, D. R.; McFARLANE, S. C. *A voz e a terapia vocal*. 5. ed. Porto Alegre: Artmed, 2003.

BOOTHMAN, N. *Como convencer alguém em 90 segundos: crie uma primeira impressão vendedora*. São Paulo: Universo dos Livros, 2012.

CAMISA, M. T.; FARIA, D. M.; GUIMARÃES, Maria Abadia. *Muito além do ninho de mafagafos*: um guia de exercícios práticos para aprimorar sua comunicação. São Paulo: J&H Editoração, 2007.

CARVALHO, C. J. J. *Prosódia e ortografia*. Lisboa: Imprensa Nacional, 1910.

CLEAR, J. *Hábitos Atômicos*. pequenas mudanças, resultados impressionantes. Rio de Janeiro. Alta Books, 2019.

COOPER, M. *Modern techniques of vocal rehabilitation*. Springfield: Charles C. Thomas, 1973.

COTES, C.; FEIJÓ, D.; KYRILLOS, L. *Voz e corpo na TV*: a fonoaudiologia a serviço da comunicação. São Paulo: Globo, 2003.

COTES, C.; KYRILLOS, L. R. Expressividade no telejornalismo: novas perspectivas. *In*: OLIVEIRA, I. B.; ALMEIDA, A. A. F.; RAIZE, T.; BEHLAU, M. (Organizadores). *Atuação fonoaudiológica em voz profissional*. São Paulo: GEN/Roca; 2011. p. 75-97.

CURY, Augusto. *Ansiedade 2*: autocontrole. São Paulo: Benvirá, 2016.

D. PEDRO I, 9 de janeiro de 1822.

ECCELS, J. C. *Evolution of the Brain: creation of the self*. Abingdon: Routledge, 1989.

EKMAN, P. *Deceptionand facial expressional*. Annals of the New York Academy of Sciences, New York, v. 1000, n. 1 p. 205-221, 2003.

ESTIENNE, F. *Voz falada - voz cantada*: avaliação e terapia. Tradução: Daniela Teixeira Siqueira. Rio de Janeiro: Revinter, 2004.

FABIÃO, Eleonora. *Performance e teatro: poéticas e políticas da cena contemporânea*. In: Sala preta. Revista de Artes Cênicas, 2008.

FEIJO, D. Avaliando a comunicação oral. *In*: Kyrillos L. R. *Fonoaudiologia e telejornalismo*. São Paulo: Revinter, 2003.

GALLWEY, W. T. *The iInner game of tennis*. Manhattan: Random House Trade, 1997.

GONÇALVES, N. *A Importância do falar bem*. A expressividade do corpo, da fala e da voz, valorizando a comunicação verbal. São Paulo: Lovise, 2000.

GRAMÁTICA. Disponível em: https://www.recantodasletras.com.br/gramatica/1616594. Acesso em: 10 de maio de 2018.

GRETZ, Prof. É óbvio! *Qualidade real ao alcance de todos*. São Paulo: Graph Set, 1996.

HILL, N. *The Law of Success*, 1928.

JUNG, M. Santo de casa não faz milagre, mas tem expressão. *In*: KYRILLOS, L. (Org.). *Expressividade*: da Teoria à prática. Rio de Janeiro: Revinter, 2005. p. 105-149.

KENNEDY-MOORE, E., WATSON, J. *Expressing emotion*: Myths, realities and therapeutic strategies. New York: The Guilford Press, 1999.

KYRILLOS, L. R. Voz na mídia (televisão e rádio). *In*: FERREIRA, L. P. et al. (Org.). *Tratado de fonoaudiologia*. São Paulo: Roca, 2004. p. 150-165.

KYRILLOS, L. R. *Expressividade*: da teoria à prática. Rio de Janeiro: Revinter, 2005.

KYRILLOS, L.; COTES, C.; FEIJÓ, D. *Voz e corpo na TV: a Fonoaudiologia a serviço da Comunicação*. São Paulo: Globo, 2003.

KRAUS, R. R. *Coaching executivo: a conquista da liderança*. São Paulo: Nobel, 2007.

MENDES, E.; JUNQUEIRA, L. A. C. *Comunicação sem medo*.: um guia para você falar em público com segurança e naturalidade. 7a ed. São Paulo: Gente, 1999.

MERCATELLI, C. Expressividade na fala. *In*: KYRILLOS L. (Org.). *Expressividade*: da teoria à prática. Rio de Janeiro: Revinter, 2005. p. 15-25.

PEASE, A.; PEASE, B. *Desvendando os segredos da linguagem corporal*. Tradução: Pedro Jorgensen Júnior. Rio de Janeiro: Sextante, 2005.

PLOMER, W. C. *At Home: Memoirs*. The Noonday Press, 1958.

POLITO, R. *Como falar corretamente e sem inibições*. 111ª ed. Revista atualizada e ampliada. São Paulo: Saraiva, 2006.

REIMAN, T. *A arte da persuasão*: potencialize sua comunicação com o domínio da linguagem corporal. Tradução: Mírian Ibanez. São Paulo: Lua de Papel, 2010.

ROMANO, C. C. *O julgamento da expressividade do professor universitário de enfermagem ministrando aula*. 2010. 118 f. Dissertação (Mestrado em Ciências). Escola de Enfermagem de Ribeirão Preto, Universidade de São Paulo, Ribeirão Preto, 2010.

ROMANO, C. C. *A expressividade de alunos universitários do curso de licenciatura em enfermagem antes e após uma intervenção fonoaudiológica*. Escola de enfermagem de Ribeirão Preto da Universidade de São Paulo, 2015.

ROMANO, C. C. et al. A expressividade do docente universitário durante sua atuação na sala de aula: análise dos recursos verbais utilizados e suas implicações para a enfermagem. *Revista Latino-Americano de Enfermagem*, Ribeirão Preto, v. 19, n. 5, p. 1188-1196, 2011.

SILVA, E. C.; PENTEADO, R. Z. *Characteristics of innovations in television journalism and the expressiveness of the anchor*. Audiology – Communication Research. São Paulo, v.19, n.1, p.61-68, 2014.

SILVA, M. A. A.; DUPRAT, A. C. Voz cantada. In: FERREIRA, L. P.; BEFI – LOPES, D. M.; LIMONGI, S. C. O. (Organizador). *Tratado de fonoaudiologia*. São Paulo: Roca, 2004. p. 177-194.

TOLLE, E. *O poder do agora*. Rio de Janeiro: Sextante, 2000.

TORTORA, G. J.; DERRICKSON, B. *Princípios da anatomia e fisiologia*. 14ª ed. São Paulo: Guanabara Koogan, 2016.

VIOLA, I. C. *Expressividade, estilo e gesto vocal*. Lorena: Instituto Santa Tereza, 2008.

FONTE: **Gentium Book Basic**

@dracristianeromano | cristianeromano@cristianeromano.com.br

#Figurati nas redes sociais